Elaine Walster/William Walster

Liebe

Liebe ist mehr
in der modernen Partnerschaft

Elaine Walster/William Walster

Liebe

Liebe ist mehr in der modernen Partnerschaft

mvg verlag

CIP-Titelaufnahme der Deutschen Bibliothek

Walster, Elaine:
Liebe: Liebe ist mehr in der modernen Partnerschaft/Elaine Walster; William Walster. [Aus d. Amerikan. übertr. von Evelyn Linke]. – Paperbackausg., 2. Aufl. – München; Landsberg am Lech: mvg-Verl., 1989
(mvg-Paperbacks; 317)
Einheitssacht.: A new look at love ‹dt.›
ISBN 3-478-03170-2
NE: Walster, William:; GT

2. Auflage 1989

Originaltitel: »A New Look at Love«
Aus dem Amerikanischen übertragen von Evelyn Linke.

Umschlaggestaltung: Baeuerle & Gruber, Augsburg
Druck und Bindearbeiten: Presse-Druck Augsburg
Printed in Germany 030 170/489802
ISBN 3-478-03170-2

Meinen Schwestern
Mary Hatfield
und
Patricia Hatfield Rich
gewidmet
E. W.

INHALTSVERZEICHNIS

EINFÜHRUNG
von T. George Harris

Wenn es um Fragen der Liebe geht, fühlt sich jedermann als Experte. Die meisten von uns bilden sich ein, daß sie über die Grundbegriffe oder sogar über die höheren Regionen der Romantik mindestens soviel wissen wie ihre Mitmenschen, wenn nicht gar mehr. Auf Grund von pauschalen Anschauungen oder persönlichen Erfahrungen hat sich praktisch jeder von uns die folgenden Ansichten zu eigen gemacht:

- Die Frau verliebt sich schneller als der Mann, weil sie gefühlsmäßig stärker engagiert ist, und sie hält an ihrer Liebe fest, auch wenn der Mann ihr schon längst den Laufpaß gegeben hat.
- Die drei wichtigsten Faktoren für den Erfolg beim anderen Geschlecht sind gutes Aussehen, Persönlichkeit und Geld.
- Menschen, die uns vertraut sind, wie z. B. das Mädchen oder der Mann aus der Nachbarschaft, sind nie so attraktiv wie Fremde, die wir außerhalb unseres Alltagslebens kennenlernen.
- Was immer über die vielzitierte Liebe auf den ersten Blick gesagt wird — die Leidenschaft erreicht erst dann ihren Höhepunkt, wenn eine Beziehung sich über einen Zeitraum von sechs bis zu dreißig Monaten entwickelt hat.
- Obwohl Männer von heißblütigen Frauen schwärmen, wenden sie sich ab, wenn eine Frau leicht zu haben ist.
- Für den Mann steht der physische Aspekt der Liebe mehr im Vordergrund als für die Frau. Er verliert mehr Schlaf, wenn er verliebt ist, und erlebt mehr Höhepunkte des körperlichen Wohlbefindens.
- Getreu der Ansicht ›schön, aber dumm‹ neigt die Umwelt dazu, äußerlich attraktive Männer und Frauen als gefühlskälter, dümmer und unmoralischer einzuschätzen als Menschen von durchschnittlichem Aussehen.

Na und? werden Sie jetzt fragen. Was ist daran so neu? Nun, das Neue ist, daß all diese sieben Klischees Lügen sind. Sie stehen in direktem Gegensatz zu den Ergebnissen der modernen psychologischen Forschung. Die Psychologie hat Methoden entwickelt, mit deren Hilfe sie unsere innersten Überzeugungen ausloten kann — nicht nur die üblichen Ansichten, die so oft widersprüchlich sind und doch so ehrlich klingen. Heute wissen wir, daß viele Dinge, die wir glauben, nicht der Wirklichkeit entsprechen, während andere den strengsten wissenschaftlichen Untersuchungen standhalten. In den vergangenen acht Jahren hat eine kleine Gruppe von hervorragenden Psychologen, die an verschiedenen großen Universitäten arbeiten, die ersten grundlegenden Forschungen über den Begriff der Liebe durchgeführt. Die Ergebnisse dieser Arbeit haben erbitterte Meinungskämpfe entfacht. Die Arbeitsgruppe wurde von vielen Seiten heftig attackiert, genauso wie es Kinsey erging, als er seine ersten Forschungsergebnisse veröffentlichte. Aber die Psychologen ließen sich nicht irremachen. Im vorliegenden Buch gibt das führende Mitglied der Gruppe einen ersten Überblick über die bisher gewonnenen Erkenntnisse.

Durch neuartige Versuchsmodelle konnte z. B. die allgemein verbreitete Ansicht, daß die Frau sich eher verliebt als der Mann und an diesem Gefühl länger festhält, widerlegt werden. Forscher der Universität von Michigan haben viele Liebespaare über lange Zeiträume hinweg beobachtet. In den meisten Fällen war es der Mann, der sich zuerst verliebt hatte, während die Frau lange Zeit skeptisch oder desinteressiert blieb, und für gewöhnlich war es die Frau, die die Beziehung abbrach, während der Mann sich viel länger an seine Liebe klammerte.

Und was die Frage der Frau, die ›leicht zu erobern‹ ist, betrifft, so haben Generationen von Müttern und Moralpredigern den jungen Frauen eingehämmert, daß kein Mann ein ›gefallenes‹ Mädchen achtet oder schätzt. Heute scheint die Situation umgekehrt zu sein. Von einer Frau, die sich abweisend verhält, sagt man nicht nur, daß sie frigide ist und in Disharmonie mit ihrem inneren Selbst lebt, sondern daß sie keine vollwertige Persönlichkeit ist. Aber diese neue Anschauung ist genauso wirklichkeitsfremd wie die bisherige.

Die Psychologin Elaine Walster hat mehrere Jahre lang die althergebrachte Theorie über die leicht zu erobernde Frau nachgeprüft. Zuerst untersuchte sie den Wahrheitsgehalt der Ansicht, daß die zurückhaltende Frau von den Männern respektiert und geschätzt wird; der Versuch erbrachte jedoch keine Ergebnisse, die diese Anschauung überzeugend unterstützten. Daraufhin untersuchte sie, ob zugängliche Frauen bei Männern mehr Erfolg haben als zurückhaltende, aber auch das entsprach nicht den Tatsachen. Und dann fand Frau Walster die Antwort, die sich als richtig erwies: Jeder Mann wünscht, daß die Frau, die er selbst mühelos erobert hat, für andere Männer unerreichbar ist.

Frau Dr. Walster und ihre Mitarbeiter haben auch die Bedeutung der körperlichen Schönheit eingehend untersucht. Auf Grund des altbekannten Klischees vom ›dummen Blondchen‹ beobachteten sie, wie die Umwelt auf gutaussehende Frauen und Männer reagiert, und inwieweit das Leben der Testpersonen selbst durch ihre körperliche Schönheit beeinflußt wird. Auch in diesem Fall schockierten die Ergebnisse die große Gemeinde der Heuchler: Trotz all dem selbstgerechten Gerede, daß unscheinbare Menschen einen guten Charakter haben, neigen die meisten von uns im Unterbewußtsein zu der Ansicht, daß schöne Menschen auch bessere Menschen sind. Ein äußerlich attraktiver Mensch kommt uns klüger, netter, warmherziger und in jeder Hinsicht erfolgreicher vor.

Frau Dr. Walster fand heraus, daß unser Vorurteil gegen häßliche Entchen schon in voller Blüte steht, wenn wir in die Schule kommen. Lehrer wie Schüler erwarten von unattraktiven Kindern stets das Schlimmste, und nur allzu oft verwirklichen diese Erwartungen sich selbst. Ein Volk kann aus noch so vielen rassischen Elementen zusammengesetzt sein, wie es z. B. bei den Amerikanern der Fall ist, der Begriff der Schönheit ist Allgemeingut, und den Menschen, die als schön gelten, werden viele Vorteile zugestanden.

Das gleiche gilt für Leute, die reich sind, und ebenso für Leute, deren Persönlichkeit uns beeindruckt. Aber auch in diesem Punkt hat Frau Dr. Walster überraschende Ergebnisse gesammelt. Gewiß, gutes Aussehen, Reichtum und Persönlichkeit sind Faktoren, die in der Liebe eine Rolle spielen, aber sie sind keineswegs ausschlaggebend, wenn es darum geht, wer am beliebtesten ist, das regste Sozialleben oder das beste Sexualleben hat. Mehr als alles andere zählt die Ausgeglichenheit des Wesens. Die statistische Auswertung aller Beobachtungen hat bewiesen, daß Unbekümmertheit, Unverkrampftheit und Zwanglosigkeit die stärksten Anziehungspunkte sind.

Elaine Walster hat es nicht leicht gehabt. Sie mußte hart kämpfen, bis sie im Jahre 1968 von der Universität von Wisconsin zum ordentlichen Professor für Soziologie ernannt wurde. Sobald sie diese solide Basis hatte, widmete sie sich mit voller Kraft dem Forschungsgebiet, das ihr Interesse am stärksten fesselte — den Aspekten der Liebe im Alltagsleben. Die Redakteure des Journals ›Psychology Today‹ begannen, ihre Untersuchungen aufmerksam zu verfolgen. Meiner Meinung nach ist Frau Dr. Walster auf diesem neuen Forschungsgebiet führend. Obwohl sie von vielen Seiten massiv angegriffen wurde, hat sie ihre Arbeit fortgesetzt, was nicht zuletzt das Verdienst ihres Ehemannes ist, der sie immer unterstützt und ermutigt hat.

Der härteste Schlag, den sie bisher einstecken mußte, fiel vor über drei Jahren, als Senator Proxmire von Wisconsin erfuhr, daß die Nationale Stiftung zur Förderung der Wissenschaften in Washington Frau Walster und ihrer Mitarbeiterin Dr. Ellen Berscheid von der Universität von Minnesota eine Forschungsbeihilfe in Höhe von 84 000 Dollar gewährt hatte, damit sie die Untersuchungen über die leidenschaftliche und die kameradschaftliche Liebe fortsetzen konnte. Der Senator, der sich in Fragen der Verteilung von öffentlichen Geldern oftmals als ein vernünftiger Mann erwiesen hat, ließ sich zu der folgenden, geradezu hirnrissigen Stellungnahme hinreißen:

> Ich bin dagegen, und zwar nicht nur, weil niemand — nicht einmal die Nationale Stiftung zur Förderung der Wissenschaften — behaupten kann, daß die Liebe eine Wissenschaft sei, oder weil ich genau weiß, daß die Stiftung auch für 84 Millionen oder für 84 Milliarden Dollar keine Antwort bekommen könnte, die irgend jemand glauben würde. Nein — *ich bin dagegen, weil ich die Antwort gar nicht wissen will.*
>
> Ich glaube, daß zweihundert Millionen Amerikaner meinen Wunsch teilen, daß einige Dinge des menschlichen Lebens in den Schleier des Geheimnisses gehüllt bleiben sollen, und dazu gehört in erster Linie die Frage, warum ein Mann sich in eine Frau verliebt und umgekehrt...
>
> Und so fordere ich die Nationale Stiftung zur Förderung der Wissenschaften auf: Halten Sie sich aus dem Rummel um die Liebe heraus. Überlassen Sie das Elizabeth Barrett Browning und Irving Berlin. Alexander Pope hat nie ein wahreres Wort gesprochen, als er sagte: ›Wenn Unwissenheit ein Segen ist, so wäre es töricht, weise zu sein.‹

Man hätte darüber lachen können — aber Proxmire meinte es ernst.

Die Nationale Stiftung lehnte jede weitere finanzielle Unterstützung von Frau Walsters Arbeit ab.

Die Presse stürzte sich voll Wonne auf Proxmires Witzchen, wie er es erwartet hatte. ›Wir wissen bereits, warum Menschen sich verlieben‹, erklärte ein Bischof im Ruhestand gegenüber einem Reporter von der ›Detroit News‹, allerdings ohne die Leser zu erleuchten, was sie denn eigentlich schon wüßten. Aber ein paar andere Nachrichtenmedien stellten sich auf Frau Walsters Seite, und auch Senator Barry Goldwater ergriff ihre Partei. James Reston schrieb in der ›New York Times‹, daß die Liebe zwar immer ein Geheimnis bleiben würde, ›aber wenn die Soziologen und Psychologen nur eine andeutungsweise Antwort auf unser Lebensmuster von romantischer Liebe, Ehe, Enttäuschung und Scheidung — samt den dazugehörigen Scheidungswaisen — finden könnten, wäre das die beste Investition von öffentlichen Geldern seit Jefferson Louisiana erwarb.‹

Reston hat das Problem deutlich aufgezeigt. Es gibt in der Liebe Regionen, in die kein Forscher jemals eindringen wird. Niemand braucht zu befürchten, daß all die Ungewißheiten, die ja die Würze der Liebe sind, beseitigt werden, denn die elementarste Erfahrung, die ein Mensch erleben kann, besteht in der innigen Vereinigung mit dem Geist und dem Körper eines anderen Menschen. Der Soziologe Andrew Greeley schreibt, daß selbst mystische religiöse Erfahrungen mit einer sexuellen Ekstase vergesellschaftet sind — eine Tatsache, die auch John Milton bewußt war, als er Adam Gott erkennen ließ, nachdem er Eva erkannt hatte. Aber das Bewußtsein, daß unserem Wissen über die Fragen des Lebens und damit auch über die Liebe Grenzen gesetzt sind, braucht uns nicht zu Proxmires Einstellung zu treiben, gar nichts wissen zu *wollen.*

Ich glaube, daß unsere emotionale Unsicherheit zum großen Teil auf den Problemen des Vertrauens und der Intimität beruht — Probleme, mit denen wir sowohl in der Phase der leidenschaftlichen Liebe als auch in dem nachfolgenden Stadium (wenn es überhaupt dazu kommt!) der echten Gemeinsamkeit konfrontiert werden. Die Anzahl der Scheidungen ist nur eines der sichtbaren Signale für den Zustand der tiefen Verwirrung, in den unsere Kultur geraten ist. Alle bisherigen Richtpfosten sind umgestürzt worden. Die Jugend hat kein Vertrauen mehr zu den Regeln, die ihr von den Eltern wenig überzeugend vorgebetet werden. Die junge Generation ist sich nur in einem Punkt ganz sicher: daß die Ansichten, mit denen ihre Eltern aufwuchsen, falsch waren. Die einzige Quelle der Autorität, zu der sie auf diesem Gebiet Vertrauen haben, sind die Erkenntnisse, die sich aus der geduldigen und sorgfältigen Arbeit der Forscher ergeben. Und dafür lohnt sich jeder Einsatz.

Elaine Walster kennt die Fragen der jungen Leute aus jahrelanger Erfahrung. Die Studenten, die nach den Vorlesungen zu ihr kommen, haben keine Angst davor, daß das Geheimnis der Liebe profaniert werden könnte. Sie suchen nur nach Möglichkeiten, die ihnen ein tieferes Erlebnis vermitteln können und ihnen helfen, sich von den traditionellen wirklichkeitsfremden Klischees zu lösen.

Das vorliegende Buch hat das Ziel, mit Hilfe der Kombination von Forschungsergebnissen und Erkenntnissen die grundlegenden Fragen der Liebe so gut wie möglich zu beantworten. Elaine Walster spricht offen aus, daß Frauen Männer genauso begehren, wie es umgekehrt der Fall ist, und sie gibt praktische Ratschläge für die Suche nach einem geeigneten Partner, die jedoch nur dann Aussicht auf Erfolg haben können, wenn die Frau ihren Wunschtraum vom idealen Mann ein für allemal aufgibt.

Frau Dr. Walster besitzt eine Eigenschaft, die heutzutage selten geworden ist: Sie hat Mut, und das ist gerade auf dem Gebiet der Psychologie wichtig. Nur ein mutiger Forscher wagt es, Fragen zu stellen, die Neuland erschließen. Und gerade solche Fragen werden von der älteren Generation gern ins Lächerliche gezogen, wie Senator Proxmires Beispiel gezeigt hat.

Diese negative Kritik beruht oft auf der Unkenntnis der Tatsache, daß es auch bei den Psychologen Unterschiede gibt. Viele von uns haben Bücher und Artikel über das Thema Liebe gelesen, die von ›Psychologen‹ verfaßt wurden. Aber die meisten dieser Autoren waren klinische Psychologen, die für gewöhnlich Anhänger der Freudschen Schule sind und nur wenig oder keine Forschung betreiben. Sie berichten über faszinierende Fälle, wie z. B. über den Mann mit dem Ödipuskomplex, der sich nur in Frauen verliebt, die seiner Mutter ähneln, oder sie erklären mit Hilfe der neuesten Theorien alle Probleme und predigen ›positive‹ Lösungen. Aber ohne die Grundlage der praktischen Forschung liefert Material dieser Art nichts anderes als eine weitere Meinung, die unser Bild von dem, was sich zwischen Mann und Frau abspielt, noch mehr verwirrt.

Frau Walster und die anderen Forscher ihrer Gruppe sind ein anderer Schlag. Ich pflege sie als Buchhalter des Alltagslebens zu bezeichnen. Statt voreilige Schlüsse zu ziehen, stellen sie praktische, grundlegende

Fragen und arbeiten dann Versuchsmodelle aus, welche die Tatsachen liefern, die diese Fragen beantworten. Auf Grund ihrer Arbeit können wir erstmals daran gehen, Lügen und Tatsachen über die Liebe voneinander zu trennen.

Dichter, Philosophen und Psychoanalytiker haben uns Tausende von widersprüchlichen Antworten auf die Probleme der Liebe geliefert. In dieser Hinsicht gibt es wohl nichts mehr zu sagen, das neu wäre. Aber wir können versuchen, uns von den traditionellen Anschauungen zu befreien. Der erste Schritt ist, zwei einander widersprechende Klischees auf ihren Wahrheitsgehalt zu untersuchen und die Antwort als Ausgangspunkt für weitere Fragen zu benützen.

Die Autoren haben ihre eigenen und die Forschungsergebnisse anderer Psychologen zu einem allgemeinen Überblick zusammengefaßt, der es uns ermöglicht, sachlicher und vernünftiger über die Liebe nachzudenken. Sie haben die ›Theorie der Billigkeit‹ aufgestellt, einen Gedankenkomplex, der andere Forscher und auch viele Leser erschrecken mag. Wenn das Stadium der Leidenschaft allmählich abklingt und eine dauerhaftere Beziehung entsteht, also eine kameradschaftliche Liebe, dann pflegen die Partner darauf bedacht zu sein, daß jeder einen gleichwertigen Beitrag zu dieser Verbindung liefert. Die Tauschwerte können z. B. Schönheit, Geld, Intelligenz und Warmherzigkeit sein. Die Walsters sind überzeugt davon, daß unsere intimen Beziehungen genauso ein Handel sind wie geschäftliche Transaktionen.

Man kann sich unschwer vorstellen, welchen Meinungskrieg diese Ansicht entfesselt hat. Die Romantiker behaupten hartnäckig, daß die Liebe über alles siegt; für sie ist die Idee eines Tauschgeschäfts eine Schmähung der Liebe selbst. Für die Marxisten ist die Theorie der Billigkeit nur ein weiteres Beispiel dafür, wie der Kommerzialismus des kapitalistischen Systems unsere Seelen korrumpiert; der wahre Marxismus würde eine bedingungslose Liebe erfordern und keine kleinlichen Tauschgeschäfte im Schlafzimmer.

Die letzten Kapitel werden zeigen, wie stark die Argumente sind, auf die sich die Theorie der Walsters stützt: Wenn die Beiträge der Partner nicht gleichwertig sind, besteht die Gefahr, daß die Beziehung zerbricht, denn dann ist bei beiden Partnern, sowohl beim ›Schuldner‹ als auch beim ›Gläubiger‹, das seelische Wohlbefinden gestört, und meist ist es derjenige Partner, der mehr gibt, als er empfängt, der in außerehelichen Affären nach Kompensation sucht.

Es hat mir viel Freude bereitet, die Walsters bei ihrer Arbeit und beim Schreiben dieses Buches zu beobachten, und ich hoffe, daß auch Sie, die Leser, die Lektüre genießen werden. Um Sie aber nicht allzusehr im Ungewissen zu lassen, will ich Ihnen schon an dieser Stelle sagen, welche Tatsachen die sieben Lügen ersetzt haben, die ich an den Anfang meiner Einführung gestellt habe:

- In den meisten Fällen verliebt die Frau sich später als der Mann, und für gewöhnlich ist sie es, die eine Liebesbeziehung beendet.
- Die wichtigsten Faktoren für den Erfolg beim anderen Geschlecht sind Ausgeglichenheit und Natürlichkeit. Eine Frau, die vor einer Verabredung zuviel Mühe für ihr Aussehen aufwendet, wirkt angespannt und verkrampft.
- Die meisten Männer heiraten ein Mädchen aus der Nachbarschaft oder eine Berufskollegin oder zumindest eine Frau, die sie in einer vertrauten Umgebung kennengelernt haben.
- So betrüblich es auch klingt, das leidenschaftliche Stadium dauert nur zwischen sechs und dreißig Monaten. Die erste Zahl entspricht der Ansicht von Herrn Walster, während Frau Walster die längere Zeitspanne für zutreffender hält. Wie dem auch sei, es ist klar, daß wir nicht ständig im siebenten Himmel der Liebe leben können. Beide Walsters sagen jedoch, daß es auch in der kameradschaftlichen Liebe immer wieder zu einem Aufflackern der Leidenschaft kommen kann.
- Was die Frau bzw. den Mann betrifft, die oder der ›leicht zu haben‹ ist, so wissen Sie über die Tatsachen Bescheid, und ich will hier keine praktische Anwendung vorschlagen.
- Der weibliche Körper reagiert viel intensiver und großzügiger, und deshalb erlebt die Frau in der leidenschaftlichen Liebe mehr Höhepunkte des körperlichen Wohlbefindens, wenngleich sie in diesem Stadium mehr Schlaf verliert als der Mann.
- Nachdem wir unser verborgenes Vorurteil gegen unscheinbare Menschen erkannt haben, können wir uns von dieser verlogenen Einstellung befreien.

VORWORT

In den vergangenen Jahren haben Tausende von Studenten unsere Vorlesungen über die Sexualität beim Menschen besucht. Die Fragen, die uns anschließend immer wieder gestellt wurden, waren von einer erstaunlichen Vielfalt:

- Wie kann ich erkennen, ob er mich liebt, oder ob er mir nur etwas vormacht?
- Warum verliebe ich mich immer in die falschen Partner?
- Was kann man realistischerweise von einer Liebesbeziehung erwarten?
- Alle Frauen sagen zu mir, daß sie mich ›wie einen Bruder‹ lieben. Was stimmt mit mir nicht?
- Funktionieren offene Ehen?

Außerdem haben viele Leute uns wegen ihrer Liebes- oder Eheprobleme brieflich um Rat gebeten. Ein ratloser Offizier schrieb uns zum Beispiel: ›Ist es denn immer so, daß die Liebe allmählich entschwindet? Was kann man tun, damit eine Liebe auch räumliche Trennungen überdauert? Früher bin ich oft mit dem Bus von San Francisco nach Portland gefahren, nur damit ich sie ein paar Minuten sehen konnte. Aber jetzt ist es uns anscheinend egal, ob wir zusammen sind oder nicht. Ist eine solche Gleichgültigkeit normal? Wird denn jede Ehe im Laufe der Zeit schal?‹

Eine 18jährige Sekretärin rief uns an und erzählte uns von ihrer verzweifelten Liebe: ›Jedesmal, wenn ich ihn sehe, bekomme ich Herzklopfen. Ich sehne mich nach seiner Berührung. Er ist der Mann, den ich mir immer gewünscht habe. Das Problem? Er hat möglicherweise Verbindungen zur Mafia. Aber ich schiebe diesen Gedanken weit von mir. Soll ich es riskieren, ihn zu heiraten?‹

Wir haben viele Sorgen und Fragen dieser Art gehört. Unser Buch soll wenigstens *einige* Antworten darauf geben. Wir haben jetzt fünfzehn Jahre lang untersucht, warum und wie es dazu kommt, daß zwei Menschen sich zueinander hingezogen fühlen und sich ineinander verlieben. Es handelt sich hier um ein neues Gebiet der sozial-psychologischen Forschung, und die Wissenschaftler haben gerade erst begonnen zu begreifen, wie kompliziert und vielschichtig die Liebe ist.

Die Sozialpsychologen sind stets darauf bedacht, ihre Theorien klar zu formulieren und wissenschaftlich zu prüfen, und selbst dann betrachten sie die Ergebnisse mit einiger Skepsis. Sie würden ihre Erkenntisse nur unter großen Bedenken verallgemeinern. Sie sind sich immer bewußt, daß sozialpsychologische Prinzipien zwar für die meisten Menschen zutreffen mögen, keineswegs jedoch für alle; jede Regel hat ihre Ausnahmen.

Diese vorsichtige Betrachtungsweise erschwert den Kontakt zwischen den Forschern und den Menschen, die mitten in den Problemen ihres Alltags stehen. Unser Ziel ist, wissenschaftlich vertretbare *Vermutungen* darüber aufzustellen, welches Verhalten vorteilhaft ist und welches nicht—kurzum, wir versuchen, Hinweise zu finden.

Wir wollen unseren Lesern einen Überblick über die Informationen vermitteln, die die Sozialpsychologen bisher über die Aspekte der Liebe gesammelt haben. Diese Erkenntnisse sollen helfen, die Geheimnisse der Liebe, die so alt sind wie die Menschheit selbst, in einem neuen Licht zu sehen. Es ist unser Ziel, Ihnen ein verständliches, nützliches und den Tatsachen entsprechendes Buch an die Hand zu geben, das Ihnen vielleicht hilft, die Antworten auf einige Ihrer eigenen Fragen über die Liebe zu finden. Wir hoffen, daß uns das gelungen ist.

Madison, Wisconsin
März 1978

ELAINE WALSTER
G. WILLIAM WALSTER

1. Kapitel

Was ist Liebe eigentlich?

Die Liebe ist ein solches Gewebe aus Widersinnigkeiten, und sie existiert in einer solchen Vielzahl von Formen und Nuancen, daß man praktisch alles darüber sagen kann, was einem beliebt, und es würde sehr wahrscheinlich stimmen.

Henry Finck
›Romantische Liebe und persönliche Schönheit‹ (1902)

Die Liebe ist jene seltsame Verwirrung, von der ein Mensch um eines anderen Menschen willen überwältigt wird.

James Thurber und
E. B. White
›Ist SEX notwendig?‹

FRAGE: *Was ist Liebe eigentlich?*

Jeder von uns hat über diese Frage irgendwann einmal nachgedacht. Aber statt daß wir eine einfache Antwort finden, stellen wir uns immer neue Fragen: Kann ich jemanden lieben, den ich hasse? Was ist der Unterschied zwischen Liebe und Verliebtheit? Wenn ich wirklich wissen will, was andere Leute über mich denken, sollte ich dann auf das achten, was sie sagen oder tun? Ist es wahr, daß man immer den Menschen, den man liebt, verletzt?

Obwohl jedermann seine Liebesbeziehungen sehr ernst nimmt und viel Zeit aufwendet, um sie zu analysieren und sich darüber den Kopf zu zerbrechen, stehen die meisten von uns solchen Fragen hilflos gegenüber. Das ist kein Wunder. Wenn eine Beziehung sich gut entwickelt und man ganz von der Freude erfüllt ist, einen geeigneten Partner gefunden zu haben, dann grübelt man ja nicht über die Frage nach: ›Was ist gut gegangen?‹ Und wenn man unter den Qualen einer unglücklichen Beziehung leidet, ist man nicht fähig, in Ruhe darüber nachzudenken, was schiefgegangen ist.

Bis in unsere Zeit hinein wurde die Liebe einfach als ein Geheimnis betrachtet — provokativ, aufregend und manchmal schmerzhaft —, und damit hatte es sich. Aber in den fünfziger Jahren begannen einige Wissenschaftler, verschiedene Aspekte dieses schwer erfaßbaren Gefühls zu untersuchen. Ein Teil ihrer Ergebnisse bestätigt die vernünftigen Ansichten, die von einer Generation an die nächste weitergegeben wurden. Andere Erkenntnisse sind wahrhaft erstaunlich. Alles in allem tragen diese Informationen dazu bei, daß wir anfangen zu begreifen, was Liebe ist, wer Liebe findet und wer nicht, und was die Liebe aufblühen läßt — oder tötet.

Leidenschaftliche Liebe und kameradschaftliche Liebe

Die Liebe hat zwei sehr unterschiedliche Erscheinungsformen: die leidenschaftliche Liebe und die kameradschaftliche Liebe. Die leidenschaftliche Liebe ist ein innerer Aufruhr, ein Gemisch aus den verschiedensten Gefühlen: Zärtlichkeit und Sexualität, Hochstimmung und Gram, Angst und Erleichterung, Selbstlosigkeit und Eifersucht. Die kameradschaftliche Liebe ist ein viel gedämpfterer Zustand. Ihre Grundzüge sind freundliche Zuneigung und die innige Bindung an den Partner. Der Unterschied zwischen diesen beiden Formen der Liebe ist uns allen bewußt — aber welche Form ist die ›wahre‹ Liebe? In diesem Punkt sind die Meinungen scharf geteilt.

Wir haben eine Reihe von Leuten gefragt, welche Gefühle die leidenschaftliche Liebe in ihnen erweckt, und wollen einige Antworten zitieren:

> Wenn ich verliebt bin, dann denke ich in jeder Sekunde an den Mann, den ich liebe. Gleichgültig, was jemand anders zu mir sagt, er ist immer in meinen Gedanken. Wenn ich ihn sehe, dann macht mein Herz einen Sprung, mein Gesicht wird ganz heiß und ich muß lächeln. Bevor ich einschlafe, erinnere ich mich an alles, was wir gesagt oder getan haben — und dabei lächle ich.
> Wenn ich verliebt bin, habe ich an keinem anderen Mann Interesse, und wenn ich weiß, daß ich ihn an diesem Tag nicht sehen werde, gebe ich mir keine Mühe, hübsch auszusehen.
> Ich bin auch immer guter Stimmung. Natürlich kriege ich jedesmal einen Herzanfall, wenn er gesagt hat, daß er um halb sieben anruft und jetzt ist es schon fünf Minuten darüber — aber im großen und ganzen ist es wundervoll.
>
> Eine Verkäuferin

Ich redete mir ein, daß ich Jed hasse, daß ich ihn komisch finde. Wenn wir uns in Gesellschaft anderer trafen, kritisierte ich ihn, übersah ihn oder ging einfach weg. Ich benahm mich scheußlich. Aber irgendwie — vielleicht ohne daß es mir bewußt war — fand ich alles über ihn heraus, und ich meine wirklich *alles*. Trotzdem behandelte ich ihn weiterhin wie meinen ärgsten Feind. Und dann traf er mich eines Tages, als ich allein war, und fragte mich schlicht: ›Warum haßt du mich?‹ Ich antwortete: ›Weil ich dich liebe.‹
Danach war alles in Ordnung.

Eine Studentin

Liebe ist das Gefühl, daß man zu jemandem gehört, daß man jemanden hat, mit dem man sich identifizieren kann. Man empfindet gleichzeitig grenzenloses Vertrauen und ebenso grenzenlose Eifersucht. Wenn er mich berührt, oder wenn ich nur seine Stimme höre, verspüre ich Sehnsucht und Verlangen, und dieses Gefühl ist so stark, daß es wehtut. Als ich zum ersten Mal liebte, war es das schönste Gefühl auf der Welt.

Eine Angestellte in
einer chemischen Reinigung

Was man fühlt, wenn man verliebt ist? Die beste Art von Liebe ist die chemische Reaktion, die sich im eigenen Innern abspielt, wenn man merkt, daß man von jemandem beobachtet wird. Er und ich wissen, daß wir zueinander streben; ich habe ein beengendes Gefühl in der Brust, und mein Magen will Purzelbäume schlagen. Wenn andere Leute etwas zu mir sagen, höre ich es nicht; meine Stimme zittert und wird eine Oktave höher. Ich bin aufgeregt, wenn er mit mir spricht, und am nächsten Tag erinnere ich mich an jedes seiner Worte.

Eine Krankenschwester

Und hier sind ein paar Aussagen über die kameradschaftliche Liebe:

Da ich im Herzen eine Romantikerin bin, hatte ich sehr fest umrissene Vorstellungen von der Liebe. Aber es kam ganz anders. Der Boden unter meinen Füßen schwankte keineswegs, wie ich es erwartet hatte. Ich fühle mich bei diesem Mann wohl. Ich kann mit ihm über alles reden. Er versteht mich.

Eine ehemalige Nonne

Wenn ich bei ihr bin, fühle ich mich geborgen. Ich glaube, daß es zuerst ihr Aussehen war, das mich beeindruckte. Nachdem wir uns eine Weile kannten, waren es wohl ihre Ruhe und Sicherheit, die für mich wichtig wurden. Ich bin ein unruhiger Geist, und sie hat mir Mäßigung beigebracht. Es ist ganz so, als ob ich wieder ein Kind wäre — das Gefühl, mit der Mutter zusammenzusein, die auf mich aufpaßt. Jemanden zu haben, der einem sagt, trink nicht so viel, reg dich nicht über dies oder jenes auf. Wenn ich einen Menschen brauche, ist sie immer für mich da.

Ein 18jähriger College-student über seine Beziehung zu einer 25jährigen geschiedenen Frau

Liebe bedeutet, daß jeder für den anderen das Beste will. Die Liebe drückt sich oft dadurch aus, daß man dem Partner zeigt, wie sehr man an ihn glaubt und auf seiner Seite steht. Man hilft einander, die Persönlichkeit zu entwickeln. Man scheut sich nicht einzugestehen, daß man einander braucht. Man läßt den Partner wissen, daß man seine Sorgen, Ziele, Wunschträume und Hoffnungen mit ihm teilt. Man wehrt sich nicht dagegen, verwundbar zu sein.

Ein Fließbandarbeiter in einer Autofabrik

Auch über die Entwicklung der Gefühle von der leidenschaftlichen zur kameradschaftlichen Liebe wurde berichtet. Ein Beispiel:

> Als ich mich verliebte, fühlte ich mich wundervoll. Ich blühte auf, alle Leute sagten, ich hätte niemals so hübsch oder so glücklich ausgesehen. Ich glaube, das lag daran, daß Ted mir ein neues Selbstvertrauen gab, und auch daran, daß ich das Gefühl hatte, ein anderer Mensch braucht und begehrt mich. Dadurch wurde mein Leben aufregender und lebenswerter.
> Ted und ich sind jetzt ein Ehepaar. Wir sind immer noch sehr glücklich und ineinander verliebt, aber zwischen der ersten leidenschaftlichen Liebe und unseren jetzt etwas gedämpfteren Gefühlen besteht ein großer Unterschied.
> Mißverstehen Sie mich nicht: Wir erleben immer noch Perioden der Leidenschaft. Aber wenn man zusammen lebt, ist die Leidenschaft nicht mehr so vordringlich. Man lebt in einer liebevollen Freundschaft miteinander.
>
> Eine junge Ehefrau

Der Ursprung der leidenschaftlichen Liebe

Seit altersher haben die Menschen nach einer Antwort auf die Frage gesucht, was die Liebe eigentlich ist. Dichter, Philosophen, Politiker und Künstler — sie alle haben versucht, diese vielschichtige Emotion zu beschreiben. Es gibt zahllose Theorien über den Ursprung der Liebe. Wir wollen hier nur ein paar herausgreifen, die besonders interessant sind.

Platos Theorie: Die Sehnsucht nach der Vervollkommnung

Schon im Griechenland der Antike versuchte man, den Begriff der Liebe zu definieren. Im 5. Jahrhundert v. Chr. stellte Plato eine interessante Theorie über den Ursprung der Liebe auf. Am Anfang, so sagte er, sei die Menschheit in drei Arten von Lebewesen geteilt gewesen: Männer, Frauen und Androgyne (Zwitterwesen), die aus einer Verschmelzung von Mann und Frau bestanden. Diese Wesen waren rund; ihre Rücken und Seiten bildeten einen Kreis. Sie hatten einen Kopf mit zwei Gesichtern, die in entgegengesetzte Richtungen blickten, vier Ohren, vier Hände, vier Füße und zwei Geschlechtsorgane. Sie konnten aufrecht gehen und sich nach Belieben vorwärts oder rückwärts bewegen, oder sie überkugelten sich mit rasender Geschwindigkeit wie Bodenakrobaten.

Eines Tages brach zwischen den Göttern und den Menschen Streit aus. Die Götter beschlossen, die Menschen für immer zu verkrüppeln, und so zerschnitten sie Männer, Frauen und Zwitterwesen in zwei Hälften. Seitdem wandern die auseinandergeschnittenen Teile über die Erde, und jeder sucht die Hälfte, die er verloren hat. Nach Platos Theorie sind die Hälften, die einstmals zu einem Mann zusammengefügt waren, ›die besten von allen‹. Diese Individuen sind tapfer und männlich; sie lieben das, was ihnen ebenbürtig ist (d. h. andere Männer). Die Hälften, aus denen ursprünglich die Frau bestand, machen sich nichts aus Männern, sondern ziehen lesbische Bindungen vor. Auch die Hälften der Zwitterwesen suchen die Teile, die sie verloren haben. Die männlichen Hälften lieben Frauen; die weiblichen Hälften sind Ehebrecherinnen, die nach Männern gieren.

So kommt es, daß die Menschen sich ewig nach der Vervollkommnung, nach der Verschmelzung mit einem anderen Menschen sehnen. Und das ist, laut Plato, die Natur der Liebe.

Die Freudianer: Vom Narzißmus zur Liebe

Es ist seltsam, daß Sigmund Freud, der so viele Tiefen der menschlichen Seele ausloten konnte, über die Liebe nur wenig zu sagen hatte. Am Anfang seiner Laufbahn sagte Freud einmal, daß er es nicht wage, sich auf irgendwelche Aussagen über die Natur der Liebe festzulegen, weil man seiner Meinung nach zuwenig darüber wisse. Er hat dieses Wagnis niemals auf sich genommen, und in seinen letzten Lebensjahren gestand er ein: ›Wir wissen wirklich sehr wenig über die Liebe.‹

Genauso wie die Philosophen von Plato bis zu Schopenhauer und die Psychologen von Spencer bis zu Havelock Ellis war auch Freud der Ansicht, daß der Ursprung der Liebe sexueller Natur ist. Beim Kleinkind hat die Liebe zuerst die Form des Narzißmus, d. h. es liebt nur sich selbst. Erst später beginnt es, seine Liebe einem Elternteil zuzuwenden. Diese Gefühle sind sehr stark ausgeprägt. Erst nach der Pubertät ändert der Mensch abermals die Richtung seiner Gefühle und verlagert seine Liebe auf das Objekt, das dafür am besten geeignet ist — auf ein Mitglied des anderen Geschlechts. Beim normalen Menschen besteht die Liebe aus dem Zusammenfluß zweier Gefühlsströme, nämlich aus zärtlicher Zuneigung und Sinnlichkeit.

Freud sagte, daß der Liebe immer eine kleine Enttäuschung anhaften müsse, die durch das Verbot des Inzests bedingt sei. Er meinte, daß das erwählte Objekt niemals das ursprüngliche sei, sondern nur ein Ersatz. Die Psychoanalyse habe gezeigt, daß das ursprüngliche Objekt eines instinktiven Verlangens, das durch die Unterdrückung dieser Begierde verlorengeht, oft gegen eine endlose Reihe von Ersatzobjekten ausgetauscht wird, die alle keine volle Befriedigung geben.

Der Neo-Freudianer Theodor Reik hat über die Liebe viel mehr zu sagen. Er ist der Meinung, daß Liebe und Sexualität sowohl ihrem Ursprung als auch ihrer Natur nach völlig verschieden sind:

> ›Was ist das Ziel der Sexualität?... die Auflösung eines *körperlichen* Spannungszustands, eine Entladung und eine *Befreiung*. Und was ist das Ziel des Verlangens, das wir Liebe nennen? Die Auflösung eines *seelischen* Spannungszustands, *Erleichterung*... Die Sexualität sucht Befriedigung, die Liebe sucht Glück. Die sexuelle Begierde braucht nicht unbedingt ein bestimmtes Objekt als Ziel, wohl aber die Liebe. Sie ist immer eine persönliche Beziehung. Die Sexualität sucht nach wollüstigem Vergnügen; die Liebe sucht nach Seligkeit und Glück.

Reik ist ebenfalls der Ansicht, daß Kinder anfänglich nur sich selbst lieben. Aber im Gegensatz zu Freud glaubt er, daß der Narzißmus immer die unbewußte Reflektion der Bewunderung und Würdigung durch andere war und ist.

Und dann kommt ein Tag, an dem die Welt, die sich dem Kind gegenüber bisher so liebevoll gezeigt hat, plötzlich unfreundlich wird.

Das Kleinkind lernt, daß die Mutter mit ihm unzufrieden sein kann, daß sie ihm ihre Zuneigung entziehen kann, wenn es sich nicht so benimmt, wie sie es wünscht, daß sie ärgerlich oder unwirsch sein kann ... Die Möglichkeit, daß es die Liebe der Mutter verliert, bricht über das Kind mit einer Wucht herein, die so gewaltig und unbeherrschbar ist wie ein Erdbeben.

Die Erkenntnis, daß es nicht mehr geliebt wird, ist für das Kind ein ungeheurer Schock; erst nach mehrmaligen Erfahrungen dieser Art kann es diese Tatsache begreifen. Was kann es dagegen tun? Seine erste Reaktion ist hilflose Empörung. Es brüllt vor Zorn. Aber das nützt nichts. Es ist gezwungen, eine geschicktere Strategie anzuwenden:

> Der kleine Junge demonstriert also durch sein eigenes Verhalten, was er von der Mutter wünscht, wie sie sich ihm gegenüber verhalten sollte. Er drückt diesen Wunsch aus, indem er der Mutter, die ihm bisher Zärtlichkeit und Zuneigung entgegenbrachte, die gleichen Gefühle zeigt.

Diese kindliche Reaktion ist der Vorläufer der Liebe des erwachsenen Menschen:

> Indem wir unsere Liebe zeigen, drücken wir aus, daß wir vom Partner Liebe erwarten. Es ist, als ob wir damit demonstrieren wollen: So sehr sollst auch du mich begehren. Offensichtlich spielen wir eine Doppelrolle. Wir sind sowohl die andere Person, nach deren Liebe wir uns sehnen, und die geliebte Person, die wir sein wollen. Unsere Liebe ist die unbewußte Verkündigung unseres Wunsches, wie wir geliebt sein möchten. Wir verhalten uns der anderen Person gegenüber so, wie wir wünschen, daß sie sich uns gegenüber verhält. Auf diese Art und Weise drücken wir unbewußt aus, was uns fehlt und wonach wir uns sehnen.

Ein Liebender ist sich nur der Stärke seines leidenschaftlichen Gefühls bewußt. Aber, wie Reik sagt, die Liebe besteht nicht nur aus der Leidenschaft, die man deutlich empfindet. Genauso wie Zuneigung und Zärtlichkeit sind auch Feindseligkeit und Neid Bestandteile der Liebe. ›Wer da behauptet, daß die Liebe selbstlos sei, befindet sich im Irrtum. Sie ist so selbstsüchtig wie das Atmen, aber dieses Selbst hat sich verändert, es hat ein anderes Wesen in sich aufgenommen.‹ Wenn man jemanden aufrichtig liebt, bereitet das Geben genau soviel Glück wie das Nehmen. Aber auch diese Form der Liebe ist nicht selbstlos. Indem wir geben, beschenken wir uns selbst.

Freud und Reik helfen uns, die Anfänge der Liebe besser zu verstehen. Was aber kann die Liebe wiedererwecken, wenn wir älter geworden sind? Reik ist der Ansicht, daß die Menschen übertriebene Anforderungen an ihr Ego stellen. Jeder von uns möchte schön, jung, stark und klug sein. Aber ab und zu wird uns bewußt, wie unzulänglich wir sind. Dann empfinden wir eine vage Unzufriedenheit und eine schleichende Abneigung gegen uns selbst. ›Diese Stimmungen können die ganze Skala der Unzufriedenheit durchlaufen, angefangen bei dem Wunsch, allem (auch sich selbst) zu entfliehen, bis hin zum echten Lebensüberdruß.‹

Wenn man sich selbst nicht mehr mag, hat man drei Möglichkeiten, um diesem Zustand abzuhelfen. Die erste ist, daß man die Anforderungen, die man an sich selbst stellt, etwas herabschraubt. So einleuchtend diese Lösung ist, meistens verbietet es einem der Stolz, sich dafür zu entscheiden. Erst wenn man älter geworden ist, kann man die Tatsache akzeptieren, daß man nicht vollkommen ist.

Die zweite Möglichkeit ist, daß man sich verliebt: Man lernt einen Menschen kennen, der so vollkommen ist, wie man es selbst sein möchte. Die erste — meist unbewußte — Reaktion auf diese Entdekkung ist ein Gefühl des Neides. Aber plötzlich verschwindet die Schranke, die den Weg zum Partner versperrt hat, und man beginnt zu lieben. Jetzt sehnt man sich danach, mit dem geliebten Menschen eins zu werden, mit ihm zu einem einzigen Wesen zu verschmelzen.

Die dritte Möglichkeit, um die Unzufriedenheit mit sich selbst und den Mangel an Selbstwertgefühl zu überdecken, besteht darin, daß man seinem Haß freien Lauf läßt. Man redet sich ein, daß man sein Ideal haßt. Aber die Liebe bleibt weiterhin bestehen, sie wird von den Haßgefühlen lediglich maskiert. Reik ist daher der Ansicht, daß Liebe und Haß eng miteinander verbunden sind; das Gegenteil von Liebe ist nicht Haß, sondern Gleichgültigkeit.

Die Theorie der Sozialpsychologen: Geist und Körper sind gleichermaßen beteiligt

Im Jahre 1964 stellte der Psychologe Stanley Schachter von der Columbia-Universität eine neue Theorie über emotionale Reaktionen auf. Er sagte, daß Körper und Geist gleichwertig zu unseren emotionalen

Reaktionen beitragen, und daß ein ›echtes‹, spontanes emotionales Erlebnis nur auf diese Weise zustande kommen kann.

Mit Hilfe dieser Theorie können wir die anscheinend so widersprüchlichen Bestandteile der leidenschaftlichen Liebe besser zu einem Ganzen zusammenfügen. Seit Jahrhunderten hat man darüber gerätselt, was die leidenschaftliche Liebe wirklich ist: eine zutiefst genußvolle oder eine zutiefst schmerzhafte Erfahrung. Schachter liefert uns die Antwort: Sie ist beides.

a) Die emotionale Reaktion

Jeder Mensch hat eine — wenn auch nur halb bewußte — Vorstellung davon, was er in einer gegebenen Situation fühlen sollte, und diese Vorstellung ist ausschlaggebend für seine tatsächlichen Gefühle. Der Kulturkreis, in dem wir leben, unsere Eltern und auch unsere eigenen Erfahrungen sorgen dafür, daß wir an der Schwelle zum Erwachsenenalter schon feste Vorstellungen davon haben, welche Gefühle für welche Situationen ›passend‹ sind. Wir wissen, daß wir über einen unerwarteten Glücksfall froh gestimmt und über eine Pechsträhne niedergeschlagen sein sollten. Wir fühlen uns im Recht, wenn wir über eine unverdient schlechte Behandlung empört sind, und wir wissen, daß wir dankbar sein sollten, wenn jemand freundlicher zu uns ist, als wir es verdient haben. Unsere Vorstellungen davon, was wir fühlen sollten, bestimmen das, was wir tatsächlich fühlen.

Das Bild, das wir uns von der leidenschaftlichen Liebe machen, hängt von der persönlichen Einstellung ab. Eine von der Universität von Minnesota veranstaltete Umfrage unter Collegestudenten über das Thema ›Was ist leidenschaftliche Liebe?‹ erbrachte sehr unterschiedliche Antworten. Die meisten Studenten meinten, daß die Liebe ein genußvoller Zustand sei. Für sie bedeutete Liebe die Freude, zu lieben und geliebt zu werden, endlich jemanden zu haben, der einen *wirklich* versteht, sexuelle Befriedigung, Fröhlichkeit und so weiter. (Natürlich könne es auch schmerzliche Erfahrungen geben, aber das sei sehr selten, sagten die Befragten.)

Andere Studenten äußerten sich nicht so begeistert. In der Liebe mag es ja erfreuliche Phasen geben, sagten sie, aber im großen und ganzen würden sie das seelische Gleichgewicht ins Wanken bringen. Sie assoziierten Liebe mit Angst (›Erwidert der Partner meine Liebe?‹), emotionalem und sexuellem Verlangen, Ungewißheit, Verwirrung und Kummer.

Die Liebe wird also von manchen Menschen als ein genußvoller Zustand empfunden, von anderen dagegen als eine Quelle des Leids und der Schmerzen. Daraus können wir folgern, daß es einzig und allein die persönliche Einstellung ist, die unsere Gefühle und letzten Endes auch die Entwicklung der Beziehung zum Partner bestimmt.

b) Die körperliche Reaktion

Laut Schachter ist jedes Gefühl untrennbar mit einer physiologischen Reaktion verbunden, Freude, Zorn, Leidenschaft, Eifersucht und Haß — all diese Gefühle lösen sichtbare Zeichen aus: Gesichtsröte, Herzklopfen, zitternde Hände, beschleunigte Atmung. Somit kann also sowohl die Freude als auch der Schmerz (oder ihre Kombination) den Brennstoff für eine leidenschaftliche Erfahrung liefern.

Schachters Theorie von den zwei Komponenten wird von wissenschaftlichen Untersuchungsergebnissen weitgehend bestätigt. Geist und Körper sind gleichermaßen am Ausdruck unserer Gefühle beteiligt. Der Geist bestimmt, welche spezifischen Emotionen wir empfinden; der Körper bestimmt, ob wir überhaupt etwas empfinden oder nicht.

Die Kombination der drei Theorien:

Kann man die Ideen von Plato, Freud und den Sozialpsychologen so miteinander kombinieren, daß eine genaue Definition der leidenschaftlichen Liebe möglich wird? Wir sind dieser Meinung und halten die folgende Definition für zutreffend:

> Leidenschaftliche Liebe: Ein Zustand des innigen Vertieftseins der Partner ineinander. Die Liebe kann dadurch Ausdruck finden, daß der Liebende sich nach dem Partner und nach der vollkommenen Erfüllung sehnt, oder dadurch, daß der Liebende glücklich ist, die Liebe des Partners und eine vollkommene Erfüllung auf Zeit errungen zu haben. Ein Zustand intensiver physiologischer Reaktionen.

Der Ursprung der kameradschaftlichen Liebe

FRAGE: *Was ist der Unterschied zwischen gernhaben und lieben?*

Unter Sympathie verstehen wir das Gefühl der Zuneigung, das wir für Menschen empfinden, die uns nicht sonderlich nahestehen. Kameradschaftliche Liebe ist die Zuneigung, die wir für Menschen empfinden, deren Leben mit dem unseren innig verwoben ist. Der einzige wirkliche Unterschied zwischen gernhaben und lieben ist die Tiefe unserer Gefühle und der Grad der Verbundenheit mit der anderen Person.

Wenn man längere Zeit mit einem Menschen zusammengelebt hat, stellt man sich eines Tages unweigerlich die Frage: ›Liebe ich meinen Partner immer noch, oder sind wir nichts weiter als alte Freunde?‹

Es ist schwierig, zwischen lieben und gernhaben klar zu unterscheiden, denn es gibt keine scharfe Trennlinie zwischen diesen beiden Gefühlen. Aus Sympathie kann sich unmerklich eine kameradschaftliche Liebe entwickeln. Wahrscheinlich wechseln wir ständig von dem einen Bereich in den anderen über, wie es ja bei allen zwischenmenschlichen Beziehungen der Fall ist.

Als Erklärung dafür, warum wir uns zu manchen Menschen hingezogen fühlen, andere hingegen nicht ausstehen können, wird von vielen Theoretikern das Prinzip der Verstärkung angeführt: Wir mögen diejenigen, die uns belohnen, und wir verabscheuen diejenigen, die uns bestrafen. Der Psychologe Donn Byrne hat aus dieser Theorie eine ›Formel der Anziehungskraft‹ entwickelt, die, einfach ausgedrückt, folgendes besagt: Wir haben die Menschen gern, durch deren Verhalten wir uns selbst und die Umwelt in einem freundlichen Licht sehen. Und wir entwickeln eine Abneigung gegen diejenigen, die uns dazu bringen, daß wir uns deprimiert oder ›bestraft‹ fühlen.

Vielleicht sagen Sie jetzt: ›Das ist nichts Neues. Jeder wünscht sich einen intelligenten, verständnisvollen, attraktiven und liebevollen Partner, einen Menschen, der einem Geborgenheit gibt und einem trotzdem persönliche Freiheit und Unabhängigkeit zugesteht.‹ Mit anderen Worten: Sie wissen, daß man die Liebe des Partners am besten dadurch erringt, daß man ihm zeigt, wie lohnend und befriedigend es für ihn ist, mit Ihnen zusammenzusein, und daß man den Partner am leichtesten dadurch verliert, indem man ihn in peinliche Situationen bringt und ihm Kummer und Leid bereitet. Aber Byrne hat durch seine Untersuchungen noch etwas anderes entdeckt: Wir mögen auch Menschen, die uns nicht direkt Freude bereiten, sondern nur Bestandteil einer erfreulichen Situation sind, und ebenso entwickeln wir eine Abneigung gegen Leute, die lediglich mit unangenehmen Dingen assoziiert sind.

In der Praxis sieht das so aus: Wenn Sie einen geruhsamen Abend am Kamin verbringen, sich an einem Glas Wein erfreuen und Ihrer Lieblingsmusik zuhören, wallt in Ihnen oft ein Gefühl der Zuneigung für die Personen auf, die zufällig anwesend sind. Und wenn Sie müde und erschöpft sind, Kopfschmerzen haben und Ihre Wohnung unaufgeräumt ist, dann erweckt unangemeldeter Besuch Ihren Unwillen.

FRÄULEIN PEACH

MISS PEACH by Mell Lazarus.
Courtesy of Mell Lazarus and
Field Newspaper Syndicate.

Die psychologische Forschung hat umfangreiches Beweismaterial zur Untermauerung der Behauptung geliefert, daß der Mensch Liebe oder Schuldgefühle durch Assoziation zum Ausdruck bringt. Ein Psychologe wollte die Hypothese prüfen, daß unsere Reaktion auf andere Menschen durch die Umwelt beeinflußt wird, in der die Betreffenden unserer Meinung nach leben. Er ließ also von jungen Testpersonen das Erlebnis des Kennenlernens durchspielen. Die eine Hälfte der Gruppe lernte sich in einer angenehm temperierten, ruhigen Umgebung kennen, die andere in einem unangenehm überhitzten Zimmer. Die Männer und Frauen, die sich in der freundlichen Umgebung kennenlernten, fanden sich gegenseitig viel sympathischer, als es bei denen der Fall war, die sich unter ungünstigen äußeren Bedingungen trafen.

Die gleiche Hypothese wurde in einem weiteren Versuch getestet. Eine gemischte Gruppe sollte Fotografien von anderen Männern und Frauen beurteilen. Die eine Hälfte der Testpersonen traf sich in einem elegant eingerichteten Raum mit hübschen Vorhängen, angenehmer Beleuchtung und schönen Wanddekorationen, die andere traf sich in einem häßlichen Zimmer mit schäbigen Möbeln und schmutzigen, zerrissenen Sonnenrollos. Eine nackte Glühbirne verbreitete ein grelles Licht, die Aschenbecher quollen vor Zigarettenstummeln über, die Luft war stickig.

Die Prüfer hatten vorhergesagt, daß die Personen, die sich in dem schönen Zimmer trafen, guter Stimmung sein und ihre freundlichen Gefühle auf die Testobjekte übertragen würden; in dem häßlichen Zimmer würden sie gedrückter Stimmung sein, sich abgestoßen und angeekelt fühlen und diese Gefühle auf die Testobjekte übertragen. Die Vorhersage erwies sich als richtig. Die Personen in dem schönen Zimmer reagierten viel aufgeschlossener als die in dem häßlichen Raum.

Daraus ergibt sich die folgende Lehre: Wenn Sie und Ihr Partner eine Beziehung aufbauen oder erhalten wollen, sollte jeder sich bemühen, für den anderen ein lohnender Partner zu sein. Ferner sollten Sie beide alles tun, um die Freude, die sie jetzt aneinander haben, zu einer dauerhaften Harmonie zu entwickeln. Anfangs ist es leicht, die Interessen und Neigungen des Partners zu teilen. Achten Sie darauf, daß es so bleibt, denn nur so können Sie Ihre gemeinsame Zukunft sichern.

In allen Büchern, deren Thema das Glück in der Ehe ist, wird der Ehefrau geraten, stets darauf bedacht zu sein, daß ihr Mann sie mit den angenehmen Dingen des Lebens assoziiert und nicht mit den Ärgernissen, den Mühen und den Enttäuschungen des Alltags. Gleichzeitig wird der Ehemann aufgefordert, die sexuellen Bedürfnisse seiner Frau zu befriedigen, andernfalls könnte es Ehekonflikte geben.

So weit, so gut — aber was all diese Bücher *nicht* sagen, ist, daß auch die Ehefrau ihren Mann mit angenehmen Dingen assoziieren muß, wenn ihre Liebe zu ihm Bestand haben soll. Ein Essen bei Kerzenlicht, ein Theaterbesuch, ein gemütlicher Abend zu Hause und gemeinsame Ferienreisen sind Erlebnisse, die nie an Bedeutung verlieren. Es ist wichtig, daß die Ehefrau ihren Mann nicht automatisch mit liederlich verstreuten Sachen, im Befehlston geäußerten Wünschen oder Nörgeleien assoziiert. Wenn eine Beziehung von Dauer sein soll, ist es wichtig, daß *beide* Partner eine positive Einstellung haben. Und das erfordert, daß jeder Partner sich aktiv um den anderen bemüht und wohlüberlegt handelt.

Die sichtbaren Zeichen der Liebe

FRAGE: *Woher weiß ich, wann ich verliebt bin?*
ANTWORT: *Wenn Sie glauben, daß Sie es sind.*

Wenn Sie körperlich erregt sind und dieses beunruhigende Gefühl ›Liebe‹ nennen — gleichgültig ob Sie es als Pein oder als Genuß empfinden —, dann sind Sie verliebt. Außerdem gibt es eine Reihe von Signalen, die diesen Zustand verraten.

Der Augenkontakt. Ein britischer Forscher hat festgestellt, daß man während einer normalen Unterhaltung seinen Gesprächspartner höchstens dreißig bis sechzig Prozent der Zeit ansieht. Aber je mehr man den Gesprächspartner mag oder liebt, desto öfter wirft man ihm verstohlene Blicke zu.

Die ›Neigung‹ zueinander. Die Erkenntnis, daß man den Charakter und die Persönlichkeit eines anderen Menschen erforschen kann, ohne daß der Betreffende es merkt, wurde erstmals von Sir Francis Galton ausgewertet; er war ein britischer Psychologe, der in der zweiten Hälfte des vorigen Jahrhunderts lebte:

> Wenn zwei Menschen eine ›Neigung‹ zueinander haben, dann neigen sie sich einander sichtbar zu, wenn sie z. B. Tischnachbarn sind. Sie verlagern ihr Gewicht auf die Seite des Stuhls, die der betreffenden Person am nächsten ist ...

Auch die moderne Forschung hat nachgewiesen, daß wir unsere Gefühle durch die Körperhaltung verraten: Wir neigen uns jemandem zu, den wir mögen, und wir lehnen uns in die entgegengesetzte Richtung, wenn wir einen Gesprächspartner nicht leiden können.

Die räumliche Entfernung. In diesem Punkt kann man nur sagen: andere Länder — andere Sitten. So stehen z. B. Araber beim Gespräch dicht beieinander, und für sie ist es auch ganz normal, auf der Straße Hand in Hand zu gehen. In Italien ist es nichts Ungewöhnliches, wenn zwei Männer sich gegenseitig die Arme um die Schultern legen; es gefällt ihnen, den Körpergeruch und die Körperwärme des Partners zu spüren. Der Amerikaner hingegen fühlt sich sehr unbehaglich, wenn er dicht neben einem anderen Mann stehen muß. In einem vollbesetzten Fahrstuhl oder in der überfüllten U-Bahn pflegt er eine starre Haltung einzunehmen, um eine körperliche Berührung zu vermeiden.

Die ›korrekte‹ Entfernung zu anderen Menschen ist eine unbewußte soziale Regel, der wir uns automatisch anpassen. Je mehr man jemanden mag, desto geringer ist der Abstand, den man einhält. Donn Byrne hat demonstriert, daß die räumliche Distanz ein aufschlußreicher Hinweis für den Grad der Zuneigung sein kann. Er machte ein paar Studenten und Studentinnen miteinander bekannt und forderte die Paare dann auf, für eine halbe Stunde zum Kaffeetrinken zu gehen. Als die einzelnen Paare dann zurückgekommen waren, beobachtete er unauffällig, wie dicht die Partner nebeneinander standen. Er stellte fest, daß der Abstand vom Grad der gegenseitigen Sympathie abhing.

Sie können leicht selbst nachprüfen, ob diese Methode zuverlässig ist. Vielleicht gibt es in Ihrem Bekanntenkreis einen Ehemann, der ein Verhältnis mit einer anderen Frau hat und sich nach Kräften bemüht, es geheimzuhalten. Verrät er sich durch seine Haltung? Wenn z. B. sowohl seine Frau als auch seine Geliebte auf einer Party anwesend sind, steht er dann dichter bei seiner Frau — oder bei seiner Geliebten? Und steht er dichter bei seiner Geliebten als bei anderen weiblichen Gästen?

Die Wissenschaft der Körpersprache

So sehr wir uns auch bemühen mögen, unsere Gefühle zu verbergen, unsere Körpersprache bringt unsere sexuellen Botschaften klar zum Ausdruck. Betrachten wir die Signale, die so viel über uns enthüllen.

Die Bereitschaft, eine Beziehung anzuknüpfen

Wenn wir anfangen, uns mit der Möglichkeit einer sexuellen Konfrontation zu befassen, steigt die Spannung unserer Körpermuskeln. Die erschlafften Hautpartien um die Augen und das häßliche Doppelkinn verschwinden wie durch ein Zauberwort. Die Augen beginnen zu glänzen. Das Gesicht rötet sich oder erblaßt. Die Körperhaltung und die Beinmuskulatur werden straffer.

Gleichzeitig fängt man an, sich zu ›putzen‹. Die Frau fährt mit der Hand über das Haar, kontrolliert das Makeup, zupft am Kleid herum. Der Mann kämmt sich das Haar, rückt die Krawatte zurecht, knöpft das Jacket zu und zieht die Socken hoch.

Diese Zeichen der Körpersprache bedeuten in ihrer Gesamtheit: ›Ich bin interessiert. Bist du es auch?‹

Die Signale der Körperhaltung

Nehmen wir als Beispiel eine Bar, die hauptsächlich von Junggesellen beiderlei Geschlechts besucht wird. Die Männer und Frauen zeigen ganz unbewußt ein Verhalten, das man als unzeremoniellen Paarungstanz bezeichnen könnte.

Allem Anschein nach sitzen sie nur da und unterhalten sich, aber in Wirklichkeit tun sie viel mehr. Wenn ein Mann und eine Frau sich zueinander hingezogen fühlen, nehmen sie instinktiv eine Körperhaltung an, die der Umwelt eine deutliche Botschaft übermittelt: ›Wir gehören zusammen. Dies ist unser Territorium. Betreten verboten!‹

Eine Person, die das Gegenteil ausdrücken will ›Ich gehöre nicht hierher. Rette mich!‹, nimmt natürlich eine ganz andere Körperhaltung an. Sie starrt sehnsuchtsvoll zur Decke empor oder läßt ihren Blick ziellos umherschweifen. Sie neigt sich vom Partner weg in Richtung auf die anderen Gäste am Tisch. Sie rutscht auf dem Stuhl hin und her und bewegt unruhig die Füße.

Die Körpersprache als Aufforderung oder Einladung

Die Körpersprache dient auch als Mittel zur Verführung. Ein Mann geht z. B. am Tisch einer Frau vorbei und sieht sie an — um eine Sekunde zu lange. Als Antwort wirft sie ihm vielleicht einen koketten Blick zu oder sie schlägt ein Bein über das andere und enthüllt dabei ein paar Zentimeter ihres Oberschenkels. Ihre Aufforderung kann sehr diskret sein und besteht vielleicht nur in einem leichten Abbiegen des Handgelenks oder in einer Drehung der Hand, so daß die Handfläche sichtbar wird, oder sie kann eine unmißverständliche Einladung sein, z. B. durch das Hervordrücken der Brust. Vielleicht streicht sie mit einer Hand langsam über einen Oberschenkel oder über das andere Handgelenk, während der Mann seine Krawatte lockert oder näher an die Frau herantritt, als er es normalerweise tun würde.

Arten der Liebe

FRAGE: *Wie sehr liebe ich meinen Partner?*

Es gibt viele Techniken, mit deren Hilfe die Psychologen die Intensität der Liebe beurteilen können. Eine dieser Meßmethoden wurde von dem Psychologen Z. Rubin entwickelt. Er macht zwar keinen Unterschied zwischen leidenschaftlicher und kameradschaftlicher Liebe, wohl aber zwischen Liebe und Sympathie, denn, so meint er, es kommt oft vor, daß man jemanden sehr gern hat, den man keineswegs liebt, und daß man jemanden liebt, den man im Grunde genommen nicht sonderlich schätzt.

Rubin entwickelte seine Meßskalen an Hand von Informationen, die er aus einer Unmenge von Aussagen sammelte, die Liebende, Romanschriftsteller und Wissenschaftler über die Liebe gemacht haben. Er zog daraus die Schlußfolgerung, daß die Skala der Liebe die folgenden Elemente der Leidenschaft berücksichtigen muß: Idealisierung des Partners, Zärtlichkeit, Verantwortungsgefühl, den Wunsch, dem geliebten Menschen zu dienen und von ihm Dienste erwiesen zu bekommen, Intimität, das Verlangen, Gefühle und Erfahrungen mit dem Partner zu teilen, sexuelle Verlockung, das Gefühl, daß die Beziehung beide Partner voll und ganz beansprucht und erfüllt, und schließlich eine relative Nichtbeachtung von sozialen Regeln und Vorschriften. Sympathie oder Gernhaben erfordert, daß jeder den Partner schätzt und achtet, und daß beide überzeugt davon sind, viele gemeinsame Berührungspunkte zu haben.

Wie wäre es, wenn Sie selbst einmal versuchen, Ihr Gefühl für Ihren Ausgeh-, Liebes- oder Ehepartner zu bewerten? Wir haben zu diesem Zweck jeweils drei der ursprünglich dreizehn Testpunkte von Rubins Skalen ausgewählt.

Skala der leidenschaftlichen Liebe

1. Ich glaube, daß ich .... praktisch in jeder Hinsicht vertrauen kann.

---

1 2 3 4 5 6 7 8 9
Nicht zutreffend Halbwegs zutreffend Zutreffend

2. Ich würde für ...... fast alles tun.

---

1 2 3 4 5 6 7 8 9
Nicht zutreffend Halbwegs zutreffend Zutreffend

3. Ich wäre sehr unglücklich, wenn ich nie mehr mit ...... zusammensein könnte.

---

1 2 3 4 5 6 7 8 9
Nicht zutreffend Halbwegs zutreffend Zutreffend

Skala der kameradschaftlichen Liebe bzw. Sympathie

1. Ich glaube, daß......... ein sehr ausgeglichenes Wesen hat

---

1 2 3 4 5 6 7 8 9
Nicht zutreffend Halbwegs zutreffend Zutreffend

2. Ich habe großes Vertrauen zu .... Urteilsvermögen

---

1 2 3 4 5 6 7 8 9
Nicht zutreffend Halbwegs zutreffend Zutreffend

3. ..... ist einer der sympathischsten Menschen, die ich kenne.

---

1 2 3 4 5 6 7 8 9
Nicht zutreffend Halbwegs zutreffend Zutreffend

Auswertung

Skala der Liebe	Skala der Sympathie
Stärke Ihres Gefühls	Stärke Ihres Gefühls
1. ______________	1. ______________
2. ______________	2. ______________
3. ______________	3. ______________
Gesamtergebnis	Gesamtergebnis

Hat Rubins Skala Ihnen helfen können herauszufinden, ob Ihr Gefühl für Ihren Partner mehr zur Liebe oder zur Sympathie hinneigt?

Rubin wählte für seinen Versuch 158 junge Paare aus; es handelte sich durchwegs um Beziehungen, bei denen noch keine feste Bindung (z. B. Verlobung) bestand. Jede Testperson beantwortete insgesamt sechsundzwanzig Fragen. Das Ergebnis zeigte, daß Männer ihre Liebe zu ihren Freundinnen mit durchschnittlich 90 Punkten bewerteten, während die Bewertung der Gefühle der Sympathie 85 Punkte erreichte. Bei den Frauen waren die Gefühle genauso stark ausgeprägt: auf der Liebes-Skala wurden 89, auf der Sympathie-Skala 88 Punkte erreicht.

So einfach dieser Test auch ist, er hat sich als überraschend exakter Gradmesser erwiesen. Vor Beginn des Versuchs hatte Rubin vorhergesagt, daß sehr verliebte Paare mehr Zeit damit zubringen würden, einander in die Augen zu sehen, als es bei Paaren mit gemäßigteren Gefühlen der Fall sein würde. Während die jungen Leute auf den Beginn des Tests warteten, wurden sie von Rubin unauffällig beobachtet. Er notierte, wie lange die Partner einander anblickten, und die Versuchsergebnisse bestätigten später seine Vorhersage.

Ein weiteres Beispiel: Sechs Monate nach dem Versuch setzte Rubin sich mit den Teilnehmern in Verbindung, um herauszufinden, ob sich in ihren Beziehungen etwas geändert hatte. Welche Paare waren noch zusammen oder hatten sich getrennt? Bei welchen Paaren war die Beziehung inniger geworden und bei welchen hatte sie sich abgekühlt?

Die meisten Verbindungen bestanden noch. Einige Paare hatten geheiratet, andere waren verlobt, und die meisten gingen noch miteinander. Nur sechzehn Prozent hatten sich getrennt. Rubin fragte die jungen Leute, wie sie ihre Beziehung zum Partner beurteilten. War sie in den vergangenen sechs Monaten enger geworden? Das wurde von sechzig Prozent bejaht. War sie im großen und ganzen unverändert? Das traf auf neunzehn Prozent zu. Hatte sie sich abgekühlt? Das war bei einundzwanzig Prozent der Fall; die meisten Paare dieser Gruppe hatten sich getrennt.

Bei den ersten Interviews war Rubin aufgefallen, daß die jungen Leute sehr unterschiedliche Meinungen darüber hatten, ob zwischen Liebe und Ehe ein unmittelbarer Zusammenhang besteht. Die ›Romantiker‹ (wie Rubin sie nannte) glaubten, daß ›man die Person heiraten soll, die man liebt, ungeachtet ihrer sozialen Stellung‹. Sie protestierten heftig gegen Aussagen wie: ›Bevor man seinen Ehepartner wählt, sollte man sorgfältig prüfen, ob eine solide wirtschaftliche Basis vorhanden ist‹, oder: ›Man sollte nie gegen die begründeten Einwände der Eltern heiraten.‹ ›Nichtromantiker‹ dachten praktischer. Sie vertraten den Standpunkt, daß in sozialer, wirtschaftlicher und charakterlicher Hinsicht eine gewisse Übereinstimmung herrschen müsse, und daß auch die wirtschaftliche Sicherheit ein wichtiger Faktor sei.

Rubin hatte auch vorhergesagt, daß bei den Romantikern die Punktezahl auf der Liebesskala ein zuverlässiger Anzeiger für die Entwicklung der Beziehung sei; es zeigte sich, daß er recht gehabt hatte. Waren beide Partner jedoch Nichtromantiker, gab die Punktezahl auf der Liebesskala keinen Aufschluß darüber, ob die Beziehung inniger geworden, gleich geblieben oder zerbrochen war. Tatsächlich war die Wechselbeziehung zwischen der Punktezahl und der weiteren Entwicklung der Bindung zwischen den Partnern sogar negativ: Je höher die Punktezahl auf der Liebesskala gewesen war, desto größer war die Wahrscheinlichkeit, daß die Partner sich innerhalb der ersten sechs Monate nach dem Test getrennt hatten!

Zusammenfassung

Dieses Kapitel begann mit der Frage: ›Was ist Liebe eigentlich?‹ Anscheinend gehen die Meinungen darüber weit auseinander. Manche von uns glauben, daß sie ein erfreulicher Zustand ist, andere halten sie für eine schmerzliche Erfahrung; für die einen bedeutet sie einen Aufruhr der Gefühle, für die anderen einfach eine innige Bindung an den Partner. Wir werden diese Ansichten in den folgenden Kapiteln eingehend untersuchen. Zunächst aber wollen wir uns mit den Möglichkeiten des Kennenlernens befassen und auch mit der Frage, wie es dazu kommt, daß zwei Menschen sich ineinander verlieben. Sie werden sehen, daß die große Liebe Ihres Lebens vielleicht in Ihrer unmittelbaren Nähe ist.

2. Kapitel

Wie kann man Liebe finden?

Sie trafen sich niemals und werden einander nie finden, denn er lebte auf der Morgenseite des Gebirges und sie auf der Seite der Abenddämmerung.

Dick Manning und
Larry Stock
›*Morning Side of the Mountain*‹

Ich bin ein praktizierender Heterosexueller — aber die Bisexualität verdoppelt sofort deine Chancen für eine Verabredung am Samstagabend.

Woody Allen

Die Suche nach dem Mann oder nach der Frau, der oder die gleich um die Ecke wohnt

---

FRAGE: *Wo sind sie nur alle, die Männer und Frauen?*
ANTWORT: *Gleich um die Ecke.*

Der erste Schritt für die Anknüpfung einer Liebesbeziehung besteht darin, daß man jemanden findet, an dem man interessiert ist. Aber wie kann man einen solchen Menschen finden? Die meisten von uns machen den Fehler, daß sie all ihre Hoffnungen auf eine einzige — oft unerreichbare — Person konzentrieren.
Hier ein paar Beispiele aus dem Alltag:

Robert Miller trat vor kurzem eine Stellung beim Bau der Transalaska-Pipeline an. Er bearbeitet die Materialanforderungen der Bohrmannschaften, der Geologen und des technischen Bedienungspersonals. Das einzige weibliche Wesen, mit dem er sich bisher in seiner Freizeit unterhalten hat, ist die ältliche Eskimo-Frau, die den Kaffeeausschank betreibt. So richtet sich seine ganze Hoffnung auf die hübsche Sekretärin im Hauptbüro. Er denkt stundenlang darüber nach, wie er ihr Interesse erwecken könnte.

Barbara Radke ist eine junge Frau, deren Ehe in die Brüche gegangen ist. Ihr sehnlichster Wunsch ist, wieder zu heiraten, ihre Stellung aufzugeben und sich um ihre beiden kleinen Kinder zu kümmern. Aber das ist sehr schwierig. Jeden Freitag abend geht sie in eine Junggesellen-Bar in der Nähe ihres Arbeitsplatzes. Sie bemüht sich zu ergründen, welcher Typ Frau auf die wenigen Männer, an denen sie interessiert ist, wirken würde. Sie versucht, sich als kühle Schönheit zu geben, die jedoch einen kleinen Schuß Zigeunerblut in den Adern hat; sie spielt die Zurückhaltende, die aber durchaus der Leidenschaft fähig ist; sie versucht, mütterlich reif und doch zart und verwundbar zu wirken. Aber meist bleibt Barbara allein. Sie findet ihre Situation demütigend. Außerdem muß sie viel Geld für einen Babysitter ausgeben — ohne daß es Zinsen bringt. Jedesmal schwört sie sich, daß sie nicht mehr in die Bar gehen wird, aber dann tut sie es doch, weil sie unbedingt einen Partner finden will.

Nora Kahn hat seit über zwei Jahren ein bittersüßes Verhältnis mit einem verheirateten Mann. Für gewöhnlich kommt Richard dienstags gleich nach der Arbeit zu ihr. Sie bereitet jedesmal ein delikates Abendessen vor. Nach dem Essen unterhalten sie sich ein Weilchen, und dann lieben sie sich ohne Hektik und mit Genuß. Aber manchmal sagt Richard in letzter Minute ab — seine Frau hat Geburtstag, oder sie hat Theaterkarten besorgt, oder sein Sportverein hat eine Veranstaltung. Und dann brütet Nora darüber nach, warum er sie nicht so tief und innig liebt wie sie ihn. Warum vermeidet er jede Verpflichtung ihr gegenüber?

Den drei Hauptpersonen der oben geschilderten Fälle ist nicht bewußt, wie sehr man sich selbst schadet, wenn man alle Hoffnungen auf ein Glück von einem einzigen Menschen abhängig macht. Viel besser wäre es, die Energie, die es kostet, um einen Partner an sich zu fesseln, von dem man nicht einmal weiß, ob er wirklich interessiert ist oder nicht, dafür aufzuwenden, daß man sich bemüht, mehr Menschen kennenzulernen, die als Partner in Frage kämen.

Liebe Daisy,
ich glaube, ich habe den vollkommenen Mann kennengelernt. Er ist rücksichtsvoll, intelligent, sieht gut aus, ist weltgewandt und erfolgreich und hat genau das richtige Alter — er ist achtundzwanzig, also sechs Jahre älter als ich —, hat Sinn für Humor, und vor allem scheint er mich zu mögen. Schon nach der ersten Verabredung schickte er mir Blumen, erkundigte sich nach meinem Befinden, als ich mir den Knöchel verstaucht hatte, und freut sich anscheinend über jedes Wiedersehen mit mir.

Welches Problem könnte ich also haben? Nun, es ist nur zu klar, daß er ohne mich leben kann. Vielleicht spielt er nur den Zurückhaltenden, aber ich finde, daß es etwas zuviel Zurückhaltung ist, wenn er zwischen zwei Verabredungen zwei oder drei Wochen verstreichen läßt.

Ich kann das nicht verstehen, und das macht mich unsicher. Vorige Woche war ich so verzweifelt, daß ich ihn anrief und zum Abendessen einlud. Er war ganz begeistert und sagte ein paar Mal, wie sehr er sich über meinen Anruf freue. Ich setzte ihm ein wunderbares Essen vor, und er machte mir Komplimente und lobte alles. Er schien sich bei mir sehr wohlzufühlen — aber als er ging, sagte er nur: ›Also bis dann.‹

Alice

P. S. Ich bin sicher, daß es keine andere Frau in seinem Leben gibt. Das Problem ist nicht, daß er sich nicht bei mir meldet, sondern daß er es zu selten tut.

Antwort: Grämen Sie sich nicht wegen eines Mannes, der ohne Sie leben kann. Wenn er es fertigbringt, sich nur alle zwei oder drei Wochen bei Ihnen zu melden, dann spielt er nicht den Zurückhaltenden — er ist ganz einfach nicht sonderlich an Ihnen interessiert. Gehen Sie ruhig weiter mit ihm aus, aber halten Sie Ausschau nach einem Mann, der nicht so vollkommen ist, der aber Sie für unwiderstehlich hält.

In überraschend vielen Fällen findet man den idealen Partner in der Nachbarschaft, wie ein Soziologe herausfand, der 431 Paare befragte, als sie ihre Papiere beim Standesamt einreichten. 37 Prozent der Paare wohnten in unmittelbarer Nachbarschaft, 54 Prozent nicht allzuweit voneinander entfernt. Die Zahl der Eheschließungen, bei denen die Partner aus verschiedenen Gegenden kamen, sank in dem Maße, wie die Entfernung zunahm.

Das Magazin ›Redbook‹ befragte kürzlich eine Reihe von Prominenten, wie sie ihren Partner kennengelernt hatten. Das Ergebnis war interessant: Fast alle von ihnen landeten schließlich bei einem Partner, den sie im Rahmen ihres Alltagslebens kennengelernt hatten. Präsident Jimmy Carter war zuerst mit einem Mädchen aus dem Nachbarhaus befreundet; seine spätere Frau wohnte in der gleichen Straße. Barbra Streisand lernte den Friseur Jon Peters auf einer Party in Paris kennen; er erbot sich, sie zu frisieren. Sie reagierte wie folgt:

> Ich machte mit ihm einen Termin für den nächsten Tag aus. Ich bin chronisch unpünktlich, und so kam ich fünfundvierzig Minuten zu spät. Das war ein großer Fehler. ›Was bilden Sie sich denn ein, wer Sie sind, daß Sie mich eine Dreiviertelstunde warten lassen. Es ist mir egal, ob Sie ein sogenannter Weltstar sind oder nicht — so kann niemand mit Jon Peters umspringen.‹ Ich war überrascht — angenehm überrascht. Der Mann hatte Charakter. Er gefiel mir auf Anhieb. Wir schlossen Freundschaft, dann fingen wir an, miteinander auszugehen, und seitdem sind wir zusammen.

Die Schauspielerin Joan Rivers lernte den Produzenten Edgar Rosenberg kennen, als er sie um ihre Mitarbeit bei einem Drehbuch bat.

Er wollte am Wochenende auf eine Insel in die Karibik fahren, um noch ein anderes Drehbuch zu bearbeiten. Also nahm er mich mit. Wir mußten uns einen Bungalow teilen. Die beiden Schlafzimmer hatten eine Verbindungstür. ›Aha!‹ dachte ich und begann mit Feuereifer, die Tür zu verbarrikadieren. Da hörte ich ein leises Klicken — er hatte auf seiner Seite die Tür abgeschlossen. Wir waren vier Tage dort, und nach unserer Rückkehr beschlossen wir zu heiraten.

Die Tatsache, daß viele Leute ihren Ehepartner in der Nachbarschaft finden, wurde durch eine Untersuchung bestätigt, die der Psychologe Leon Festinger durchführte. Er beobachtete die Entwicklung von Freundschaften innerhalb einer Wohnanlage. Alle Häuser waren U-förmig um einen mit Rasen bepflanzten Innenhof angeordnet, lediglich bei den beiden letzten Häusern an jedem Innenhof gingen die Fenster auf die Straße hinaus.

Festinger und seine Mitarbeiter machten die erstaunliche Feststellung, daß die Architekten in hohem Maße unwissentlich das soziale Leben der Bewohner vorgezeichnet hatten. Der Faktor, der im wesentlichen darüber entschied, wer sich mit wem anfreundete, war die räumliche Entfernung zwischen den Wohnungen. Die meisten Beziehungen bahnten sich zwischen unmittelbaren Nachbarn an; je weiter die Häuser voneinander entfernt waren, desto mehr nahm die Zahl der Freundschaften ab.

Wenn ein Appartement so gelegen war, daß der Mieter zwangsläufig öfters mit anderen Hausbewohnern in Kontakt kam, also am Eingang oder Ausgang der Galerien vor den Wohnungen oder in der Nähe der Briefkästen, trug das zum Bekanntheitsgrad und zur Beliebtheit des betreffenden Mieters bei.

Bei den beiden Endhäusern war die Situation ganz anders. Damit die Straße ›bewohnter‹ aussah, gingen die Fenster von zehn Wohnungen nicht auf den Innenhof hinaus, sondern auf die Straßenseite. Die Mieter dieser Wohnungen hatten keine unmittelbaren Nachbarn, und die Zahl der Bekanntschaften, die sie innerhalb des Gebäudekomplexes schlossen, war um über die Hälfte niedriger, als es bei den Bewohnern der anderen Häuser der Fall war. Die Architektur hatte sie in eine unfreiwillige soziale Isolation gedrängt.

Ein paar praktische Ratschläge

FRAGE: *Wie finde ich einen Menschen, den ich lieben kann?*

Der beste Weg, wie man einen Liebespartner finden kann, besteht darin, das eigene Leben so einzurichten, daß man immer wieder die Gelegenheit hat, mit Leuten, die in Frage kommen, zusammenzutreffen. Es nützt gar nichts, daß man ständig über den Mangel an passenden Partnern klagt: ›Jeder Mann, den ich kennenlerne, ist entweder verheiratet oder schwul oder nur auf ein Abenteuer aus.‹ Aber wenn man diese Leute dazu bringen will, daß sie an Veranstaltungen teilnehmen, wo sie wahrscheinlich lohnende Freundschaften anknüpfen können, dann sagen sie prompt, daß sie sich ›so etwas nicht leisten können‹, keine Zeit oder zuviel Arbeit haben und dergleichen mehr.

Man gibt ja heutzutage eher zu, daß man ein Kommunist, ein Sozialist oder ein Brandstifter ist, als daß man eingesteht, daß man auf der Suche nach einem Liebes- oder Sexualpartner ist. Diese Scheu zwingt viele Menschen zu Täuschungsmanövern — sie versuchen, ihr eigentliches Anliegen zu kaschieren. Aber wenn sie an ihrem Arbeitsplatz oder in ihrer Nachbarschaft keine geeigneten Freunde finden können, sollten sie sich an irgendwelchen Aktivitäten beteiligen, durch die sie ›ganz beiläufig‹ mit potentiellen Partnern in Kontakt kommen.

Wer wirklich einen Liebespartner finden will, muß sich etwas Mühe geben. Es gibt viele Möglichkeiten, wie man eine Beziehung anknüpfen kann:

- Gehen Sie unter Menschen. Laden Sie auch flüchtige Bekannte zu sich nach Hause zum Abendessen oder zu einem Kinobesuch oder zu einer Party ein. Ergreifen Sie die Initiative und vergeuden Sie keine Zeit damit, sich nach dem idealen Partner zu sehnen.
- Seien Sie zu Ihren Nachbarn und zu Ihren Arbeitskollegen besonders freundlich, denn das sind die Leute, unter denen Sie sehr wahrscheinlich einen geeigneten Partner finden, oder die Ihnen zumindest zu neuen Bekanntschaften verhelfen.

- Widmen Sie sich ernsthaft irgendeiner Aktivität, die Ihnen liegt. Treten Sie einer Theatergruppe oder einem Taucherclub bei, lernen Sie töpfern oder werden Sie Mitglied in einem Arbeitskreis, der sich mit dem Problem der Transsexualität, des Transvestitismus oder des Zölibats befaßt. Wenn Sie hartnäckig behaupten, daß Sie sich für nichts interessieren, stehen Sie vor einem schwierigen Problem — denn dann wird Ihre Umwelt Sie selbst nicht sonderlich interessant finden. Sollten Sie wirklich nicht wissen, was für Sie geeignet ist, dann tun Sie *irgend etwas.* Und während Sie lernen, warum Sie es hassen, Oboe zu spielen, dürfen Sie immerhin hoffen, daß Sie dabei ein paar interessante Leute kennenlernen.
- Selbst wenn Sie von Natur aus schüchtern und wenig anregend sind, gibt es Hilfe: Zwingen Sie sich dazu, irgend etwas zu tun. Versuche haben gezeigt, daß dadurch das Interesse, möglicherweise sogar die Freude an der betreffenden Sache erwacht, getreu dem Sprichwort: Der Appetit kommt beim Essen. Der Mensch ist so programmiert, daß er Dinge, mit denen er nicht vertraut ist, negativ beurteilt: Das Unbekannte ist potentiell gefährlich. Wenn wir uns aber wiederholt damit befassen, lernen wir, daß es keine Gefahr birgt, und dann können wir uns entkrampfen und positiv reagieren.

Wenn aber in Ihrer Nachbarschaft, an Ihrem Arbeitsplatz oder bei Ihren Freizeitaktivitäten wirklich weit und breit kein passender Partner in Sicht ist, stehen Ihnen noch zwei Möglichkeiten offen. Welche davon Sie wählen, hängt davon ab, ob Sie sich als schüchtern oder als nicht schüchtern einschätzen. Funktionieren tun beide.

Wenn Sie nicht schüchtern sind

In diesem Fall steht Ihnen eine reichhaltige Auswahl von Möglichkeiten zur Verfügung. Es gibt eine ganze Sammlung von Ratschlägen — zusammengestellt von Eric Weber —, wie und wo ein Mann eine passende Partnerin finden kann. Außer den üblichen Plätzen, also z. B. in einer Bar, im Flugzeug, in der Eisenbahn, im Museum, am Strand, im Park usw., zählt der Autor auch eine Reihe von etwas ausgefalleneren Chancen auf:

- Wählen Sie im Lesesaal einer Bibliothek einen Tisch, an dem ein Mädchen sitzt, das Ihnen besonders gut gefällt.

- Besuchen Sie eine Abendschule für Erwachsene.
- Werden Sie Mitglied in einem Verein oder Club mit politischen oder kulturellen Interessen.
- Gehen Sie in ein schickes Modegeschäft und tun Sie so, als ob Sie nach einem Geschenk für Ihre Mutter oder Schwester suchen. Geschäfte dieser Art sind wahre Goldminen, denn dort kann man jederzeit ganze Scharen von hübschen jungen Frauen finden.
- Gehen Sie in die Kirche. Es gibt viele alleinstehende junge Frauen, die am Gottesdienst teilnehmen.
- Gehen Sie ins Eisstadion oder auf den Rollschuhplatz oder in ein Tanzcafé — gehen Sie überall dahin, wo Sie viele Mädchen treffen können, denn das vergrößert Ihre Chancen.

Helen Gurley Brown, die Herausgeberin des Magazins ›Cosmopolitan‹, hat einige Vorschläge für Frauen zusammengestellt:
Es gibt viele Möglichkeiten, wie Sie es einem Mann — der vielleicht zu schüchtern ist, um Sie anzusprechen, auf nette Art und Weise erleichtern können, mit Ihnen ein Gespräch anzufangen. Zu diesem Zweck müssen Sie ihm einen Anknüpfungspunkt bieten:

- Tragen Sie eine Anstecknadel mit einer Inschrift. Das meine ich ganz im Ernst. Ich selbst habe drei. Auf einer steht: ›Ich habe graue Haare, braune Augen und ein schwarzes Herz.‹ Ich versichere Ihnen, daß ich damit prächtige Erfolge gehabt habe.
- Ein Anstecker mit Inschrift erregt immer Interesse. Jeder will den Text lesen, und viele Leute setzen zu diesem Zweck sogar extra die Brille auf. Danach *müssen* sie praktisch etwas zu Ihnen sagen, um nicht unhöflich zu erscheinen.
- Tragen Sie ein Buch unter dem Arm, dessen Titel zu Meinungsverschiedenheiten herausfordert, z. B. ›Das Kapital‹ oder ›Lady Chatterley‹. Dadurch zeigen Sie an, daß Sie einer Unterhaltung nicht abgeneigt sind, aber Sie brauchen das Gespräch nicht selbst zu eröffnen.

Sie können auch die Mode für Ihre Zwecke benützen. Lassen Sie auf Ihr neues T-Shirt eine Inschrift drucken, z. B.: ›Ich rede nicht mit Fremden‹, oder ›Mein Körper gehört mir, aber ich teile gern‹. Ich garantiere Ihnen, daß viele nette junge Männer dies als Anlaß nehmen werden, Sie anzusprechen.

Es gibt noch andere Wege, um ans Ziel zu kommen. Suchen Sie sich einen Arbeitsplatz, der Ihnen eine gute Auswahl bietet, z. B. in einer Klinik oder in einer Fachschule, in einem Militärlazarett oder in einer Standortverwaltung. Beteiligen Sie sich an Gemeindeprojekten oder fahren Sie zum Flughafen hinaus, wenn der Flugverkehr aus irgendwelchen Gründen behindert ist — da treffen Sie dann genug interessante Reisende, die während der langen Wartezeit nur zu gern mit jemandem reden würden — stundenlang!

Wenn Sie schüchtern sind

Die Schüchternheit ist ein ebenso schwieriges wie weitverbreitetes Problem. In einer Langzeituntersuchung fand der Psychologe Philip Zimbardo von der Stanford-Universität heraus, daß über vierzig Prozent der Testpersonen sich als schüchtern betrachteten; über achtzig Prozent sagten, daß sie an irgend einem Punkt in ihrem Leben schüchtern gewesen seien. Von vielen Persönlichkeiten des öffentlichen Lebens ist bekannt, daß sie von Natur aus schüchtern sind. Machen Sie sich also klar, daß Sie keine Ausnahme sind. Mehr als die Hälfte der Leute, die Ihnen im Alltag begegnen, sind schüchtern. Dr. Zimbardo hat Empfehlungen ausgearbeitet, wie man das Problem der Schüchternheit bewältigen kann. Wir geben hier ein paar von diesen Ratschlägen wieder, damit Sie lernen, etwas selbstsicherer zu sein.

Sagen Sie einfach ›Guten Tag!‹

Begrüßen Sie eine Woche lang Leute, die Ihnen auf der Straße, im Betrieb oder in der Schule begegnen, mit einem freundlichen ›Guten Tag, schönes Wetter heute, nicht?‹ oder etwas ähnlichem. Da wir nicht daran gewöhnt sind, auf der Straße freundlich gegrüßt zu werden, wird das Erstaunen groß sein. Einige Leute werden keine Notiz von Ihnen nehmen, aber die meisten werden Ihren Gruß erwidern.

Unterhalten Sie sich mit Fremden

Eine gute Methode, wie Sie sich im freien Gespräch üben können, besteht darin, daß Sie sich mit Fremden, die Sie beim Anstehen am

Obststand oder an der Theaterkasse, auf politischen Versammlungen, im Wartezimmer eines Arztes oder in einer Bibliothek treffen, über unverfängliche Themen unterhalten.

Wie beginnt man ein Gespräch?

Ob Sie in einer Bibliothek sind oder in einem Fachkurs oder auf einer Party — suchen Sie sich immer jemanden aus, der Ihnen zugänglich erscheint, also eine Person, die Ihnen zulächelt oder irgendwo allein sitzt oder herumwandert. Wenden Sie sich niemals an jemanden, der offensichtlich mit etwas anderem beschäftigt ist.

Es gibt viele Möglichkeiten der Gesprächseröffnung. Wählen Sie diejenige, die der gegebenen Situation am besten entspricht und für Sie am leichtesten ist.

- Stellen Sie sich selbst vor: ›Guten Tag, ich bin...‹. Tauschen Sie mit Ihrem Gesprächspartner Informationen über Beruf, Wohnort usw. aus.
- Machen Sie Komplimente. Das ist immer eine gute Methode, um anderen (und sich selbst) den Gesprächsbeginn zu erleichtern.
- Bitten Sie um Hilfe. Lassen Sie erkennen, daß Sie Hilfe brauchen und glauben, daß die andere Person sie Ihnen geben kann.
- Versuchen Sie es mit Selbstenthüllung. Sie werden feststellen, daß eine persönliche Information meistens eine positive, verständnisvolle Reaktion auslöst, z. B.: ›Ich fühle mich ein bißchen verloren unter so vielen Fremden‹ oder ›Ich bin gerade geschieden worden und bin immer noch etwas durcheinander.‹

Wie man eine Unterhaltung in Gang hält

- Stellen Sie eine Tatsachenfrage, z. B.: ›Wer hat das Länderspiel gewonnen?‹, oder eine persönliche Frage: ›Was halten Sie von dieser Versammlung?‹
- Erzählen Sie ein persönliches Erlebnis oder nehmen Sie zu einer bestimmten Frage Stellung.
- Fordern Sie Ihren Gesprächspartner auf, über sich selbst zu sprechen: ›Wo sind Sie aufgewachsen?‹ oder: ›Was ist Ihr Beruf?‹

- Zeigen Sie Interesse an den speziellen Kenntnissen Ihres Gesprächspartners: ›Wie richtet man einen Kinderhort ein?‹
- Noch wichtiger ist, daß Sie Ihre Reaktionen auf das zeigen, was der Gesprächspartner sagt und Ihre Gedanken und Gefühle darauf einstellen.

Aktives Zuhören

Werden Sie ein aktiver Zuhörer, indem Sie auf das achten, was die Leute um Sie herum sagen oder tun. Auf diese Art und Weise können Sie viele Informationen und Hinweise sammeln, die Ihnen über die Persönlichkeit der anderen Aufschluß geben.

Sobald Sie Übung darin haben, sich ohne Scheu mit Fremden zu unterhalten, können Sie einen Schritt weitergehen. Richten Sie es ein, daß Sie mit Leuten zusammenkommen, die passende Partner für Sie sein könnten, und machen Sie von Ihrer neuerworbenen Redegewandtheit Gebrauch. Und wenn es nicht gleich klappt, dann verlieren Sie nicht den Mut, sondern versuchen Sie es noch einmal.

FRAGE: *Ich will nicht abgewiesen werden. Warum soll ich dieses Risiko eingehen?*

Welcher Faktor entscheidet über den Beliebtheitsgrad eines Menschen? Gutes Aussehen, Persönlichkeit und Reichtum sind zwar wichtig, aber nicht ausschlaggebend. Entscheidend ist die Art und Weise, wie man seine sozialen Kontakte handhabt. Am erfolgreichsten sind die Leute, die sich darüber freuen, wenn sie bei anderen beliebt sind, und sich nichts daraus machen, wenn sie es nicht sind. Am schwersten tun sich diejenigen, die Angst vor einer möglichen Zurückweisung haben. Menschen dieses Typs stehen unter dem Zwang, ständig das Interesse der Gegenseite abzuschätzen. Jede Abweisung ist für sie ein harter Schlag. Im Bereich der sozialen Beziehungen ist eine übermäßige Empfindsamkeit kein Vorteil.

Ein allseits beliebter Student hatte eine sehr enge Beziehung zu einer Kollegin unterhalten. Eines Tages brach er ohne ein Wort der Erklärung die Freundschaft ab. Ein paar Monate später rief er bei seiner ehemaligen Freundin an, nicht um mit ihr zu sprechen, sondern um ihre Zimmergenossin um eine Verabredung zu bitten. Die junge Dame war empört. Sie rieb ihm alle seine Fehler unter die Nase und ließ dann den Hörer krachend auf die Gabel fallen. Er rief sofort wieder an und sagte unbekümmert: ›Das sollte wohl heißen, daß Sie am Freitag nicht mit mir ausgehen wollen. Wie wär's mit Samstag abend?‹ Das Mädchen war so verdutzt, daß es einfach ›ja‹ sagte.

Wir verwenden viel Zeit und Mühe darauf, anderen Leuten zu gefallen, so beliebt zu werden, daß jeder uns mag und niemand uns ablehnt. Wahrscheinlich täten wir uns einen besseren Dienst, wenn wir uns einfach entspannen und uns so akzeptieren würden, wie wir nun einmal sind. Das ist natürlich leichter gesagt als getan, aber es ist einen Versuch wert. Machen Sie sich klar, daß Sie eine ausgeprägte Persönlichkeit sind. Sie besitzen ein paar ganz besondere Gaben und — zugegebenermaßen — ein paar Mängel. Und wenn Sie sich noch so bemühen, sich selbst zu ändern, Ihre wahre Natur wird sich immer wieder Bahn brechen. Also versuchen Sie nicht, etwas vorzutäuschen. Jeder Mensch ist einzigartig, und deshalb sind auch Sie etwas Besonderes. Verwenden Sie Ihre Energie darauf, so viele Menschen wie möglich kennenzulernen. Machen Sie sich keine Gedanken, wenn irgend jemand Sie ablehnt. Er ist unwichtig, und wahrscheinlich wäre er Ihnen sowieso nicht sympathisch. Halten Sie Ausschau nach Menschen, die an Ihrer Gesellschaft Freude haben.

3. Kapitel

Die leidenschaftliche Liebe

Die Schmerzen der Liebe viel süßer sind als alle anderen Wonnen.

John Dryden (1669)

FRAGE: *Auf wie viele Arten kann man sagen ›Ich liebe dich‹ und es jedesmal ehrlich meinen?*

ANTWORT: *Auf sechs, vielleicht auch auf neun Arten.*

Wenn es um die Liebe geht, glaubt jeder von uns, daß er genau Bescheid weiß, und akzeptiert nur ungern die Ansichten anderer. Aber oft sprechen wir ganz verschiedene Sprachen, wenn wir sagen: ›Ich liebe dich.‹ Der Soziologe John Lee hat Amerikaner, Kanadier und Engländer über ihre Vorstellung von der Liebe befragt. Er fand heraus, daß die Worte ›ich liebe dich‹ sechs, möglicherweise sogar neun verschiedene Dinge bedeuten können:

- Eros: die Liebe des Schönen
- Ludis: die spielerische Liebe
- Storge: die kameradschaftliche Liebe
- Manie: die besessene Liebe
- Pragma: die realistische Liebe
- Agape: die selbstlose Liebe

Eros: Erotische Liebende fühlen sich unwiderstehlich zu schönen Menschen hingezogen. Sie sprechen voller Entzücken über das Haar, die Haut, den Duft und den Körper des geliebten Menschen.

Der erotisch Liebende ist von jedem Aspekt des Geliebten fasziniert. Er möchte den geliebten Partner bis in alle Einzelheiten kennen, um ein Teil von ihm werden zu können. Die sexuelle Intimität ist für ihn der Gipfel der Wonne. Für gewöhnlich lodert die erotische Liebe wie eine helle Flamme empor und erlischt dann. Nur selten wird aus dem ersten Rausch eine dauerhafte Liebe.

Ludis: Anfang des ersten Jahrhunderts n. Chr. prägte der römische Dichter Ovid den Begriff ›Amor ludens‹, d. h. die Liebe als Spiel. Er riet den Liebenden, die Liebe als heiteren Zeitvertreib zu genießen, ohne innerlich allzusehr beteiligt zu sein.

Ludis verwandelt die Liebe in eine Kette von Herausforderungen und Rätselspielen. Der Liebende bemüht sich zu vermeiden, daß er sich zu innig an den Partner bindet, oder daß der Partner zu abhängig von ihm selbst wird. Die Beziehung der Partner zueinander ist lässig oder sogar nachlässig: ›Also dann, auf Wiedersehen bis zum nächsten Mal.‹ Sie gehen auch mit anderen Männern bzw. Frauen aus und lassen ihren Liebespartner im Ungewissen. Sie weigern sich, auf lange Sicht zu planen.

Storge: Das bedeutet ›Liebe ohne Fieber, Aufruhr oder Narretei‹, eine geruhsame und bezaubernde Zuneigung, die Art Gefühl, die man auch seinem Bruder oder seiner Schwester entgegenbringen könnte. Storge kann eine unmerkliche Verwandlung sein: Die Beziehung beginnt als Freundschaft; die Partner teilen ihre Gedanken und Aktivitäten miteinander; im Laufe der Zeit wächst ihre Zuneigung. Allmählich wird aus der Freundschaft Liebe. Selbst wenn sie sich in diesem Stadium trennen, bleiben sie gute Freunde. Storge liefert keinen Stoff für Dramen oder romantische Liebesromane.

Manie: Lee schreibt darüber folgendes:

›Die Griechen nannten es ›theia mania‹, der von den Göttern gesandte Wahnsinn. Unzählige Menschen haben unter den Symptomen gelitten, wie Sappho und Plato sie beschrieben haben: Gereiztheit, Schlaflosigkeit, Fieber, Appetitlosigkeit, Herzschmerzen. Der manisch Liebende ist von den Gedanken an den geliebten Partner besessen. Das leiseste Nachlassen der Begeisterung des Partners verursacht Angst und Schmerz; das kleinste Zeichen von Herzlichkeit bringt sofort Erleichterung, aber keine dauerhafte Befriedigung. Das Bedürfnis des manisch Liebenden nach der Aufmerksamkeit und Zuneigung des geliebten Partners ist unersättlich. In der Literatur ist die Manie ein immer wiederkehrendes Thema, denn ihre Bestandteile – rasende Eifersucht, hilflose Besessenheit und tragisches Ende – sind der Nährboden für menschliche Konflikte . . .‹

Der manisch Liebende wechselt zwischen den Höhen der Seligkeit, wenn er sich wiedergeliebt fühlt, und den Abgründen der Verzweiflung, wenn der geliebte Partner abwesend ist, hin und her.

Pragma: Liebende dieses Typs haben in Sachen Liebe eine praktische Einstellung. Sie sind von Anfang an darauf bedacht, einen Partner zu finden, der in bezug auf Persönlichkeit, Herkunft, Erziehung, Religion, Interessen usw. zu ihnen paßt. Die Partnerwahl per Computer richtet sich nach den Prinzipien dieser Philosophie. Ihr Kernpunkt ist, daß man eine vernünftige Wahl trifft, und auf dieser Grundlage können sich später innigere Gefühle entwickeln.

Agape: Dies ist die klassische christliche Form der Liebe — eine Liebe, die geduldig und gütig ist und niemals eine Gegenleistung verlangt. Der Apostel Paulus schrieb in seinen Korintherbriefen, daß die Christen die Pflicht haben, ihre Mitmenschen zu lieben, gleichgültig ob sie diese Liebe verdienen oder nicht. Dieses ethische Prinzip ist allen großen Religionen gemeinsam. Lee schreibt über diese Form der Liebe:

›Ich habe unter den Testpersonen keine Heiligen gefunden. Bis heute ist mir Agape in ihrer reinen Form nicht begegnet, obwohl ich bei einigen Befragten kurze agapische Episoden in Beziehungen entdeckte, die ansonsten von Selbstsucht geprägt waren. So berichtete einer der Befragten, daß er die geliebte Frau freigab, weil er ihr die Qual der Entscheidung zwischen ihm und einem anderen Mann ersparen wollte. Sein Verhalten kann aber nicht als ein Beispiel für die reine Form der Agape betrachtet werden, weil er die Frau nicht aus den Augen ließ und eine unverhohlen selbstsüchtige Freude empfand, als die Geliebte den anderen Mann verließ und zu ihm zurückkehrte.‹

Diese sechs Grundtypen der Liebe kann man um drei Mischformen erweitern, und zwar um die Kombinationen von Storge und Eros, Ludis und Eros sowie Storge und Ludis. Jede dieser Kombinationen enthält Elemente der ›reinen‹ Grundformen.

Lee ist der Ansicht, daß ›eine beide Seiten befriedigende Liebesbeziehung nur dann aufgebaut werden kann, wenn man einen Partner findet, der die gleiche Vorstellung von der Liebe hat‹.

Zu welcher Form der Liebe neigen Sie? Lee hat den nachstehenden Testbogen ausgearbeitet, mit dessen Hilfe Sie herausfinden können, inwieweit Ihre Einstellung mit der Ihres Partners übereinstimmt. Achten Sie darauf, ob es in Ihren Erlebnissen ein ständig wiederkehrendes Muster gibt, denn so verschiedenartig die Erfahrungen eines Menschen auch sein mögen — bei den meisten von uns bleibt die Grundform unverändert.

Testbogen zur Ermittlung Ihres persönlichen Liebesstils

Sie können jedes der nachstehend aufgeführten Merkmale auf eine bestehende Beziehung, die Sie als Liebe bezeichnen, anwenden oder auf eine frühere Beziehung, je nachdem was zutreffender ist. Kreuzen Sie an, ob das betreffende Merkmal *fast immer* (FI), *meistens* (M), *selten* (S) oder *fast niemals* (FN) zutrifft.

	Eros	Ludis	Storge	Manie	Pragma
1. Sie glauben, daß Sie eine weniger glückliche Kindheit hatten als der Durchschnitt Ihrer Freunde	S		FN	M	
2. Als die Beziehung begann, waren Sie mit Ihrem Leben (Ihrem Beruf usw.) unzufrieden	S		FN	M	
3. Sie haben vor dieser Beziehung nie geliebt					S
4. Sie haben den Wunsch, zu lieben, oder Sie wünschen sich Liebe als Geborgenheit	S	FN		FI	M
5. Sie haben eine genaue Vorstellung von Ihrem Wunschpartner	FI	FN	FN	FN	FI
6. Ihr Liebespartner übte auf Sie sofort eine starke physische Attraktion aus	FI	S	FN	S	
7. Sie denken ständig an Ihren Liebespartner	FI	FN	FN	FI	
8. Sie glauben, daß Ihr Partner emotional genauso stark beteiligt ist wie Sie selbst		M	S	FN	M
9. Sie möchten Ihren Partner fast jeden Tag sehen und hatten diesen Wunsch von Anfang an	FI	FN	S	FI	S
10. Sie glaubten schon nach kurzer Zeit, daß es eine dauerhafte Beziehung werden könnte	FI	FN	S	FN	M
11. Sie sehen ›Warnzeichen‹ für Schwierigkeiten, ignorieren diese jedoch	S	S		FI	S

	Eros	Ludis	Storge	Manie	Pragma
12. Sie beschränken die Häufigkeit der Kontakte mit dem Partner absichtlich	FN	FI	S	S	
13. Sie reden nicht oft mit dem Partner über Ihre Gefühle	S	FI	M	M	M
14. Sie zeigen Ihre Gefühle selten	S	FI	S	M	M
15. Sie machen mit Ihrem Partner Zukunftspläne	FI	S	S		FI
16. Sie sprechen mit dem Partner über viele Dinge und Erfahrungen	FI	S			FI
17. Sie versuchen, die Beziehung unter Kontrolle zu halten, glauben aber, daß Ihnen die Kontrolle entglitten ist	FN	FN	FN	FI	
18. Sie sind nicht mehr fähig, die Beziehung von sich aus zu beenden	FN	FN		FI	S
19. Sie versuchen, den Partner zur Offenbarung seiner Gefühle und zu Verpflichtungen zu zwingen	FN	FN		FI	
20. Sie analysieren die Beziehung, wägen sie in Gedanken ab			FN	M	FI
21. Sie glauben an die Aufrichtigkeit Ihres Partners	FI			M	
22. Sie geben dem Partner die Schuld an Schwierigkeiten in der Beziehung	S	M	S	M	
23. Sie provozieren durch Ihre Eifersucht Besitzergefühle und Streit	M	FN	S		
24. Ihre Eifersucht treibt Sie zu Vorwürfen, Szenen, Drohungen usw.	FN	FN	FN	FI	FN
25. Sinnliche Berührungen sind für Sie sehr wichtig	FI	M	FN		S
26. Die sexuelle Intimität begann schon kurz nach dem Kennenlernen	FI		FN	FN	
27. Sie betrachten die sexuelle Harmonie als Gradmesser der Liebe	FI	M	FN		S

	Eros	Ludis	Storge	Manie	Pragma
28. Sie sind bemüht, Sexualprobleme zu bewältigen und Ihre Technik zu verfeinern	M	S		S	M
29. Die Häufigkeit der sexuellen Kontakte ist unverändert hoch geblieben	M		S	S	S
30. Sie haben lange vor dem Partner Ihre Liebe offenbart		FN	S	FI	
31. Sie betrachten Ihr Liebesleben als Ihre wichtigste oder sogar als lebenswichtige Aktivität	FI	FN	S	FI	S
32. Sie sind bereit, in einer Liebesbeziehung ›alles‹ zu geben	M	FN	M	FI	S
33. Sie sind bereit, sich von Ihrem Partner beschimpfen oder sogar lächerlich machen zu lassen		FN	S	FI	FN
34. In Ihrer Beziehung kommt es häufig zu Meinungsverschiedenheiten und Angstzuständen	S	FI	S	FI	S
35. Das Ende der Beziehung hinterläßt bei Ihnen Bitterkeit und seelisches Trauma	FN	S	S	FI	S

Für eine möglichst genaue Definition Ihres Liebesstils müssen Sie auf das für Sie charakteristische Muster achten. Wenn Sie glauben, daß Ihre Kindheit weniger glücklich war als die Ihrer Freunde, wenn Sie im Zeitpunkt des Beginns der Beziehung mit Ihrem Leben unzufrieden waren, und wenn Sie den starken Wunsch nach einer Liebesbeziehung haben, dann zeigen Sie ›Symptome‹, die nur selten für Eros und fast nie für Storge typisch sind, wohl aber für die Kategorie Manie. Wo immer ein Merkmal nicht auf eine bestimmte Form der Liebe paßt, ist der Raum in der betreffenden Spalte freigeblieben. Storge bedeutet z. B. nicht die *Anwesenheit* vieler Symptome der Liebe, sondern das Gegenteil, nämlich ihre Abwesenheit. Es handelt sich eher um eine temperierte, dauerhafte Zuneigung als um ›Sturm und Drang‹.

FRAGE: *Woher stammen unsere Ideen über die Liebe?*

Obwohl unsere Vorstellungen davon, was wir in einer bestimmten Situation fühlen sollten, unsere tatsächlichen Gefühle bestimmt, sind sich die meisten von uns nicht ganz sicher, was sie empfinden sollten, wenn es um die Liebe geht. Unsere Ideen über die Liebe sind oft ziemlich verworren. Wo liegt ihr Ursprung?

Der Ausgangspunkt ist unsere Kultur

Die Anthropologen haben festgestellt, daß bei einigen Primitivvölkern der Begriff der leidenschaftlichen Liebe total unbekannt ist. Als ein Anthropologe Eingeborene auf Tahiti bat, ihre leidenschaftlichen Gefühle zu beschreiben, erntete er ungläubiges Staunen. Von solchen Gefühlen hatten sie noch nie etwas gehört. Ob es sich dabei wohl um Wahnsinn handle?

Aber in den meisten Kulturkreisen wird es als selbstverständlich vorausgesetzt, daß sich jeder Mensch früher oder später einmal verliebt. Wir sind gehorsam: Wir tun es. Vor ein paar Jahrzehnten hat der Anthropologe Ralph Linton die folgende, ziemlich harte Aussage gemacht:

> Alle Gesellschaften akzeptieren es als Tatsache, daß es zwischen Vertretern der beiden Geschlechter gelegentlich zu leidenschaftlichen Beziehungen kommt, aber die westliche Kultur der Gegenwart ist die einzige, die den Versuch gemacht hat, diese Gefühle zu kapitalisieren und sie in die Grundlage für eine Ehe umzufunktionieren. Der Held des modernen amerikanischen Films ist immer ein romantischer Liebhaber, genauso wie der Held in einem alten ara-

bischen Epos immer ein Epileptiker ist. Ein Zyniker könnte daraus den Schluß ziehen, daß in jeder beliebigen Bevölkerungsgruppe der Prozentsatz der Personen, die zur romantischen Liebe à la Hollywood fähig sind, genauso hoch ist wie der von Personen, die fähig sind, echte epileptische Anfälle zu bekommen.

97 Prozent der amerikanischen Männer und Frauen waren mindestens einmal verliebt, bevor sie das 20. Lebensjahr erreicht hatten. Unsere Kultur sagt uns also nicht nur, daß die Liebe existiert, sondern sie vermittelt uns auch eine ungefähre Vorstellung davon, wann wir Liebe empfinden sollten und wann nicht. In der Kindheit lernen wir aus den Märchen, daß uns bestimmt ein hinreißender Prinz oder eine wunderschöne Prinzessin begegnen und unser ganzes Leben verändern wird, wenn wir selbst nur schön und lieb oder ansehnlich und männlich genug sind. Und später lernen wir aus den Texten der gängigen Schlager, daß die Liebe entweder eine positive Erfahrung ist, verbunden mit Wohlbefinden, sexueller Ekstase, geistigerAnregung und Freude, oder daß sie ein schmerzliches Erlebnis ist, untrennbar und unerbittlich verbunden mit nichterfülltem Sexualverlangen, dem peinvollen Bedürfnis nach Anerkennung und schmachvoller Zurückweisung oder Vernachlässigung.

Film, Fernsehen, Liebesromane und Illustrierte überfluten uns mit ihren spezifischen Ansichten über die Liebe, und dieser Wust von unterschiedlichsten Eindrücken ist einer der Hauptlieferanten für unsere persönlichen Vorstellungen von der Liebe. Kein Wunder, daß wir die Liebe verwirrend finden!

Der Einfluß der Familie

In der Kindheit lernen wir — entweder durch eigene Beobachtung oder unter Anleitung von Erwachsenen — welche Gefühle für welche Situationen angemessen sind. Wir lernen, wann wir uns glücklich oder traurig, ängstlich oder geborgen, angeregt oder gelangweilt fühlen sollten.

Ein Kind lebt in einer Welt, in der es ständig einem gewaltigen Ansturm von Eindrücken und Gefühlen hilflos ausgesetzt ist. Stellen wir uns die folgende Situation vor: Ein kleiner Junge spielt friedlich mit einem Spielzeuglastwagen. Es klingelt. Die Mutter eilt an die Tür und läßt eine Bekannte und deren kleine Tochter ein. Der Junge beobachtet sie. Er reibt sich die Augen; er hat seinen Mittagsschlaf versäumt. Es ist bald Zeit für das Abendessen; er verspürt ein leises Hungergefühl. Während er die Bewegungen der Gäste mit konzentrierter Aufmerksamkeit verfolgt, schiebt er versehentlich das Spielzeugauto über seinen Handrücken; es tut weh. Er sieht zu, wie seine Mutter mit den Gästen spricht, und wie sie sich dabei bewegt. Ihre Stimme klingt ungewohnt hoch und lebhaft. Alle sehen ihn an. Es kitzelt ihm in der Nase.

Die Reaktion des Jungen auf die Vielfalt der gleichzeitig auf ihn einstürmenden Reize besteht darin, daß er kurzzeitig ›durchdreht‹. Er verbirgt sein Gesicht ein paar Sekunden lang in Mutters Rockfalten, dann lugt er vorsichtig in die Umwelt. Was hat ihn veranlaßt, sein Gesicht zu verbergen? Was fühlt er? Hat er Angst vor Fremden? Oder spielt er ein Spiel? Ist er zornig, weil das Auto seiner Hand wehgetan hat? Versucht er, die Aufmerksamkeit der anderen auf sich zu lenken? Ist er auf das kleine Mädchen eifersüchtig?

Die Mutter liefert eine Antwort. Sie sagt: ›Du brauchst vor Susi keine Angst zu haben, sie tut dir nichts. Also versteck dich nicht, sondern sag ihr guten Tag.‹ Damit hat die Mutter ein riesiges chaotisches Wirrwarr von Reizen auf einen Nenner gebracht, der den Jungen nicht mehr einschüchtert. Sie hat ihm erklärt, daß es Susi ist, die seinen emotionalen Aufruhr verursacht hat. Gleichzeitig belehrt sie ihn, daß eine solche emotionale Reaktion vor Fremden ›Angst‹ genannt wird. Außerdem übermittelt sie ihm die Information, daß die anderen Faktoren — z. B. die schmerzende Hand — nicht für seinen Erregungszustand verantwortlich sind.

Aber nur selten wird ein Kind spezifisch über die Natur der Liebe belehrt. Keine Mutter sagt jemals zu ihrem Kind: ›Ich glaube du bist sehr in deine Lehrerin verliebt‹, oder: ›Bist du dir über deine Gefühle im klaren? Ich will's dir sagen: Sie sind sexueller Natur.‹ Eltern pflegen einfach von der Voraussetzung auszugehen, daß Kinder — Gott sei Dank! — solche Gefühle nicht haben, und wenn es doch der Fall sein sollte, dann ist es am besten, nicht darüber zu reden.

Das Kind lernt also nur auf Grund seiner eigenen Beobachtungen, welche Vorstellung die Eltern von der Liebe haben. Es hört aufmerksam zu, wenn die Eltern miteinander reden, oder wenn die Mutter eine Freundin tröstet, die über die Untreue ihres Mannes klagt. Es beobachtet die Eltern, wenn sie einander küssen oder berühren, oder registriert ebenso, wenn solche Zeichen der Zuneigung fehlen.

Die meisten unserer Vorstellungen von der Liebe sind so verschwommen, daß wir sie nicht mit Worten ausdrücken können, denn sie entstammen der Welt der Kindheit, wo Phantasie und Tatsachen miteinander vermischt sind, wo Ereignisse nur undeutlich wahrgenommen werden, wo alles so verwirrend ist, und wo wir den Wahrheitsgehalt unserer Eindrücke nicht überprüfen können. Aber so verschwommen und verworren diese ersten Eindrücke auch sein mögen, sie haben sich unauslöschlich in unseren Geist eingeprägt und beeinflussen unsere spätere Einstellung zur Liebe in hohem Maße.

Den Abschluß liefern unsere eigenen Erfahrungen

Unsere eigenen romantischen Erfahrungen sind natürlich mitbestimmend für unsere Vorstellungen von der Liebe. Allerdings haben die meisten von uns überraschend wenige Erlebnisse dieser Art.

Ein Soziologe, der über tausend Männer und Frauen der Altersgruppe von achtzehn bis zu vierundzwanzig Jahren interviewte, stellte fest, daß die meisten mit ungefähr dreizehn Jahren für einen Vertreter des anderen Geschlechts schwärmerische Gefühle empfanden, d. h. in die Liebe verliebt waren. Die erste wirkliche Liebe erlebten sie erst vier Jahre später, also mit ungefähr siebzehn Jahren. Die Testpersonen wurden außerdem befragt, wie viele romantische Liebeserfahrungen sie gehabt hatten. Weitaus die meisten berichteten, daß sie nur ein einziges Mal wirklich geliebt hatten. (Die Durchschnittszahl für den Mann liegt bei 1,2, für die Frau bei 1,3.) Im Durchschnitt erhält eine Frau in ihrem Leben zwei Heiratsanträge, von denen sie einen annimmt.

Unsere Erfahrungen auf dem Gebiet der romantischen Liebe mögen zwar begrenzt sein, aber sie sind ein bestimmender Faktor für unsere Vorstellung von der Liebe.

Die Liebe bei Mann und Frau

FRAGE: *Wer ist liebesfähiger, der Mann oder die Frau? Unterscheiden sie sich durch die Art ihrer Empfindungen?*

Seit altersher gilt die Romantik als das Reservat der Frau. Die Gefühle des Mannes sind gemäßigter, und man sagt, daß für ihn Leidenschaft und Zärtlichkeit keine so große Rolle spielen.

Theoretiker jeder politischen Richtung haben immer wieder behauptet, daß die traditionelle Formel — die Frau ist für die Liebe zuständig, der Mann für die materiellen Dinge — der Wahrheit entspricht. Aristoteles hatte den Standpunkt, daß der Mann in jeder Hinsicht überlegen sei und daß er auch in der nächsten Generation weiterlebe, weil sein Samen dem Embryo die Seele zuführe, während die Frau ihrem Kind lediglich den irdischen Körper gebe. Da sie dem Mann also unterlegen sei, müsse sie ihn mehr lieben als er sie, um die Ungleichheit in der Beziehung zu kompensieren. Aristoteles war überzeugt davon, daß die Frauen romantisch und die Männer praktisch veranlagt seien, und daß diese ›Tatsache‹ in ihren Erbanlagen verankert sei.

Interessanterweise sind auch moderne Feministinnen der Ansicht, daß die Frau von Natur aus romantischer ist als der Mann. So schreibt z. B. Shulamith Firestone in ihrem Buch ›The Dialectic of Sex‹, daß ›Männer nicht lieben können‹. Sie ist wie Theodor Reik der Meinung, daß jeder Mensch Vollkommenheit erstrebt und, wenn er sein eigenes Unvermögen erkannt hat, nach einem Partner sucht, der vollkommen ist, um mit ihm eins zu werden. Frau Firestone behauptet, daß in unserer patriarchalischen Gesellschaft die Frau von Anfang an als ›minderwertig‹ gebrandmarkt ist, und daß es daher die Frauen sind, die sich auf einer nie endenden Suche nach dem vollkommenen Partner befinden:

> Daß die Frauen für die Liebe und die Männer für die Arbeit leben, ist eine Wahrheit, die jedem einleuchten muß. . . Die Männer dachten, schrieben und waren schöpferisch tätig, weil die Frauen ihre ganze Kraft in diese Männer hineinströmen ließen; die Frauen . . . gehen in der Liebe auf.

Frau Firestone will damit natürlich nicht sagen, daß die Frauen aufhören sollten zu lieben. Sie steht lediglich auf dem Standpunkt, daß Männer und Frauen gleichgestellt sein müssen, so daß beide in gleichem Maße lieben können.

Die Ergebnisse von soziologischen Untersuchungen werfen jedoch Zweifel auf die Behauptung, daß der Mann ein leidenschaftsloser Liebespartner sei. Allem Anschein nach verliebt er sich schneller und hält länger an einer ausgeglühten Liebesbeziehung fest, als es bei der Frau der Fall ist. Allerdings geht aus den Antworten der männlichen Testpersonen hervor, daß bei ihnen die typischen ›Symptome‹ der Liebe seltener auftreten als bei den Frauen.

Der Soziologe Charles Hobart stellte fest, daß die Ansichten der Männer viel romantischer waren als die der Frauen. Im Durchschnitt hatten die Frauen vier, die Männer hingegen fünf Pluspunkte für die Romantik.

Es gibt noch mehr Beweise: Eine Gruppe von Sexualforschern befragte siebenhundert junge Leute beiderlei Geschlechts über ihren derzeitigen Partner (bzw. über den letzten Liebespartner). Sie stellten unter anderem die Frage: ›Wann wurde Ihnen bewußt, daß Sie Ihren Partner lieben?‹ Zwanzig Prozent der Männer, aber nur fünfzehn Prozent der Frauen verliebten sich vor der vierten Verabredung in den Partner. Je länger eine Beziehung bestand, desto krasser war der Unterschied zwischen den Geschlechtern. Von den Testpersonen, die bereits zwanzig Mal mit ihrem Partner zusammengewesen waren, konnten nur dreißig Prozent der Männer, aber volle dreiundvierzig Prozent der Frauen nicht mit Bestimmtheit sagen, ob sie verliebt waren oder nicht.

All das deutet darauf hin, daß die Männer in der Liebe verwundbarer sind, da sie sich viel unbedenklicher gefühlsmäßig engagieren als die Frauen. Die Ergebnisse von Befragungen beweisen außerdem eindeutig, daß Männer viel hartnäckiger an einer erkalteten Beziehung festhalten und auch mehr darunter leiden, wenn die Beziehung endgültig zerbrochen ist.

Falls Sie zu der Ansicht neigen, daß in Wirklichkeit die Männer die Romantiker sind, können wir Ihnen Beweismaterial liefern, das dafür spricht. Im Jahre 1958 untersuchte Hobart, wer in bezug auf menschliche Beziehungen romantischer ist, der Mann oder die Frau. Er arbeitete einen Testbogen aus, der als Gradmesser für die romantische Veranlagung dienen sollte. Insgesamt wurde 923 Männer und Frauen befragt.

Versuchen Sie es einmal selbst:

Skala für die Stärke der romantischen Veranlagung

		Ja	*Nein*
1.	Liebende müssen damit rechnen, daß in der Ehe eine gewisse Ernüchterung eintritt.	□	□
2.	Man soll auf eine wahre Liebe verzichten, wenn sie mit den geltenden Moralanschauungen in Konflikt steht.	□	□
3.	Wahre Liebe dauert ewig.	□	□
4.	Ein ›Weibchen‹, das sich an den Mann anklammert, hält als Liebespartnerin keinen Vergleich mit einer tatkräftigen verständnisvollen Frau aus.	□	□
5.	Liebe allein genügt, um eine gute Ehe zu gewährleisten.	□	□
6.	Eine Frau darf erwarten, daß ihr Liebhaber immer ein Kavalier ist.	□	□
7.	Man sollte den Menschen heiraten, den man liebt, ohne Rücksicht auf seine soziale Stellung.	□	□
8.	Liebende sollten offen über alle persönlichen Dinge sprechen.	□	□
9.	Die wirtschaftliche Sicherheit spielt bei der Wahl des Partners eine große Rolle.	□	□
10.	Man kann im Leben mehrmals wahrhaft lieben.	□	□
11.	Ein Liebespartner, der nie Eifersucht zeigt, ist nicht sonderlich erstrebenswert.	□	□
12.	Man sollte nicht gegen den begründeten Einspruch der Eltern heiraten.	□	□

Jedes ›Ja‹ auf die Aussagen Nr. 3, 5, 6, 7, 8 und 11 zählt einen Punkt; jedes ›Nein‹ auf die Aussagen Nr. 1, 2, 4, 9, 10 und 12 zählt ebenfalls einen Punkt.

Gesamtergebnis: ________

Eine Forschergruppe von der Harvard-Universität hat bei 231 Paaren genau verfolgt, wie ihre Beziehung sich im Laufe von zwei Jahren entwickelte. Sie beobachteten, daß es für gewöhnlich die Frauen waren, die entschieden, ob und wann eine Beziehung enden sollte; die

Männer pflegten bis zum bitteren Ende daran festzuhalten, und sie waren es auch, die am meisten unter der Auflösung einer Verbindung litten. Sie fühlten sich viel deprimierter, einsamer und unglücklicher als die Frauen. Ebenso blieben sie der Ex-Partnerin viel länger innerlich verbunden und konnten sich schwer mit der Tatsache abfinden, daß sie nicht mehr geliebt wurden, und daß sie nichts gegen die Auflösung der Beziehung tun konnten. Sie klammerten sich an die Hoffnung, daß alles wieder gut werden könnte, wenn sie nur das richtige Wort finden oder das Richtige tun würden. . . Die Frauen fanden sich viel kampfloser in die neue Lage hinein und waren daher viel besser fähig, einen neuen Lebensabschnitt zu beginnen.

Dieses Untersuchungsergebnis stimmt mit der Tatsache überein, daß die Zahl der Männer, die nach einer unglücklichen Liebesaffäre Selbstmord begehen, dreimal höher ist als die der Frauen.

Ist die Romantik nicht eine weibliche Eigenschaft?

Für die Richtigkeit dieser Behauptung gibt es ebenfalls Beweise. Simone de Beauvoir hat gesagt, daß das Wort Liebe keineswegs die gleiche Bedeutung für beide Geschlechter habe, und daß dies ein Grund für die schwerwiegenden Mißverständnisse sei, die trennend zwischen ihnen stünden.

Die vorliegenden Untersuchungsergebnisse lassen den Schluß zu, daß sie recht hat. Eine Gruppe von Männern und Frauen wurde befragt, in welchem Ausmaß sie die folgenden Reaktionen verspürten, wenn sie verliebt waren:

- Ich hatte das Gefühl, daß ich auf einer Wolke schwebte.
- Ich hatte das Gefühl, daß ich ›Bäume ausreißen‹ könnte.
- Es fiel mir schwer, mich auf etwas anderes zu konzentrieren.
- Ich fühlte mich beschwingt und sorglos.
- Ich fühlte mich rundherum wohl.
- Ich war vor jeder Verabredung nervös.
- Ich hatte körperliche Symptome, z. B. kalte Hände, ein flatterndes Gefühl im Magen usw.
- Ich litt an Schlaflosigkeit.

Als Bewertungsgrundlage diente die folgende Skala:

nicht vorhanden
leicht
mäßig
stark
sehr stark.

Diesmal waren die Frauen die romantischeren Naturen. Die meisten verspürten die Symptome der Liebe relativ stark. Bei den Männern war das Gegenteil der Fall. (Mit einer Ausnahme: Sowohl die Männer als auch die Frauen pflegten vor einer Verabredung nervös zu sein.)

Daraus geht hervor, daß es keine einfache Antwort auf die Frage gibt, wer nun eigentlich die Romantiker seien, die Männer oder die Frauen. Männer neigen dazu, sich schneller zu verlieben und zäher an einer Beziehung festzuhalten, aber wenn eine Beziehung auf dem Höhepunkt der Intensität ist, dann erleben die Frauen die Wonnen und Schmerzen der Liebe viel stärker als die Männer.

Diese Ergebnisse sind einleuchtend. Der Tradition entsprechend ist es der Mann, der das Vorrecht hat, eine Beziehung anzuknüpfen: Er schlägt die Verabredung vor, er umwirbt die Frau, er äußert den Wunsch, die Beziehung zu intensivieren. Hingegen kommt es nur selten vor, daß eine Frau sich ihren Partner offen auswählen kann. Es ist also keineswegs erstaunlich, daß der Mann sich bei seinen Bemühungen, die Geliebte zu erringen, keine Hemmungen auferlegt, während die Frau bei der Offenbarung ihrer Gefühle mehr Vorsicht walten läßt.

Der Umstand, daß die Frauen mehr Zurückhaltung üben, kann auch noch einen anderen Grund haben, den ein Forscher so formuliert hat: ›Was das Muster des bürgerlichen Familienlebens betrifft, so besteht zwischen Mann und Frau ein wesentlicher Unterschied. Wenn ein Mann heiratet, wählt er sich eine Gefährtin und vielleicht eine Helferin aus; die Frau hingegen wählt einen Gefährten und gleichzeitig einen Lebensstandard. Eine Frau muß also materialistisch denken.‹

Auch die Feministin Arlie Hochschild ist dieser Ansicht. Sie sagt, daß Männer und Frauen sich deutlich in der Bereitschaft unterscheiden, ihren Gefühlen Aufmerksamkeit zu schenken, ihre Gefühle zu definieren und vor allem darin, Gedanken und Gefühle unter Kontrolle zu halten. Sie behauptet ferner, daß die Frauen sich viel zu sehr darum bemühen, das zu fühlen, was sie fühlen ›sollten‹, und die Gefühle zu unterdrücken, die sie nicht haben ›sollten‹.

Als Beweis für die Richtigkeit dieser Aussage zitieren wir den folgenden Auszug aus einem Brief, in dem eine Frau beschreibt, wie sie sich selbst dazu bringen wollte, ihren Partner zu lieben:

> Da wir beide das Bedürfnis nach einer intimen Beziehung hatten und es sich so ergab, daß wir einander ständig über den Weg liefen (wir wohnten Tür an Tür und es war Sommer), redeten wir uns selbst ein, daß wir ineinander verliebt seien. Ich fühlte, *daß ich versuchen mußte, mich selbst davon zu überzeugen, daß ich ihn liebte,* um es vor mir selbst rechtfertigen zu können, daß ich mit ihm schlief (was ich eigentlich gar nicht wollte). Schließlich kam es soweit, daß wir zusammen lebten, angeblich weil wir einander ›liebten‹, aber ich würde sagen, daß wir es aus Gründen taten, die keiner von uns eingestehen wollte. Diese ständige Vortäuschung von Gefühlen trieb mich in einen Zustand, den ich als einen ›geheimen‹ Nervenzusammenbruch bezeichnen möchte.

Ein weiteres Beispiel:

> Letzten Sommer ging ich öfters mit einem Mann aus, in den ich mich verliebte. Ich wußte aber, daß er kurz vorher mit einem Mädchen Schluß gemacht hatte, weil es die Beziehung zu ihm zu ernst genommen hatte. Deshalb hatte ich Angst davor, meine Gefühle zu zeigen. Ich hatte auch Angst davor, verletzt zu werden, *daher versuchte ich, meine Gefühle zu ändern. Ich redete mir ein, daß ich mir nichts aus ihm machte,* aber ich muß zugeben, daß ich das nicht lange durchhielt. *Ich zwang mich dazu, sozusagen nachteilige Dinge über ihn zu erfinden und mich darauf zu konzentrieren, oder mir selbst immer wieder zu sagen, daß er sich nichts aus mir machte. Ich verhärtete meine Gefühle.* Das war ebenso anstrengend wie quälend, weil ich ständig nach Dingen Ausschau hielt, die mir mißfielen. (Trotzdem hat meine Geschichte ein glückliches Ende, denn nach drei Monaten durchbrach ich meine schützende Mauer und ge-

stand ihm ein, was ich fühlte, und zu meiner Überraschung und Freude empfand er für mich das Gleiche. Jetzt ist zwischen uns alles in Ordnung.)

Männer pflegen sich viel seltener so intensiv damit zu beschäftigen, ihre Gefühle zu überwachen und zu kontrollieren; sie folgen ihren Gefühlen, ohne lange darüber zu grübeln. Frauen versuchen zumindest, ihre Gefühle der Situation entsprechend im Zaum zu halten. Sie verbirgt die Stärke ihrer Gefühle, bis der Mann seinen Wunsch nach einer engen Beziehung offenbart hat. Sobald sie sicher sein kann, daß er an ihr interessiert ist, fühlt sie sich frei, ihre Liebe zu ihm ungehemmt — oder sogar übertrieben — zu zeigen. Aber sie verfolgt seine Gefühlsäußerungen mit nie erlahmender Aufmerksamkeit. Wenn sie spürt, daß seine Liebe zu ihr nachläßt, beginnt sie wieder, ihre Gefühle zu verbergen.

Liebe und Verliebtsein

FRAGE: *Woher weiß ich, ob ich wirklich liebe — oder ob ich nur verliebt bin?*

Im Film wissen die Helden und Heldinnen immer ganz genau, ob sie einander lieben oder nicht. Die Leidenschaft hat sie in ihren Klauen, schüttelt sie durch und überwältigt sie, so sehr sie sich dagegen auch wehren mögen. Im wirklichen Leben sind wir uns meistens über unsere Gefühle nicht so im klaren. Auf die Frage nach dem Unterschied zwischen Verliebtsein und Liebe hat Judith Viorst die folgende, etwas zynische Antwort gegeben:

> Sie sind verliebt, wenn Sie glauben, daß er so sexy wie Robert Redford, so intelligent wie Henry Kissinger, so nobel wie Ralph Nader, so komisch wie Woody Allen und so ath-

letisch wie Jimmy Connors ist. Sie lieben, wenn Sie glauben, daß er so sexy wie Woody Allen, so intelligent wie Jimmy Connors, so komisch wie Ralph Nader, so athletisch wie Henry Kissinger und in keiner Hinsicht so ist wie Robert Redford — und wenn Sie ihn dann trotzdem haben wollen.

Studenten an drei Universitäten wurden befragt, welche Frage über die romantische Liebe sie am meisten beschäftigt, und immer wieder hörten wir: ›Was ist der Unterschied zwischen Verliebtsein und Liebe?‹

Die Lösung dieses Rätsels ist sehr einfach: Es gibt keinen Unterschied. Die Psychologen kommen immer mehr zu der Ansicht, daß leidenschaftliche Liebe und Verliebtsein sich nicht voneinander unterscheiden — *in dem Zeitpunkt, in dem man dieses Gefühl erlebt.* Zwei Sexualforscher, die junge Erwachsene über ihre romantischen und sexuellen Erfahrungen befragten, kamen zu dem Schluß, daß der Unterschied zwischen leidenschaftlicher Liebe und Verliebtsein lediglich eine Frage der Ausdeutung ist. Als ›romantische Liebe‹ werden Liebesbeziehungen bezeichnet, die noch bestehen, als ›Verliebtsein‹ werden Liebesbeziehungen bezeichnet, die aus irgendeinem Grund zerbrachen.

Es hat also den Anschein, daß wir nur rückblickend zwischen Liebe und Verliebtsein unterscheiden können. Solange eine Beziehung in voller Blüte steht, glauben wir, daß wir wahre Liebe erleben; wenn eine Beziehung verwelkt, kommen wir zu dem Schluß, daß wir nur verliebt waren. Daraus ergibt sich, daß es im Zeitpunkt des Erlebens keinen Unterschied zwischen den Begriffen Liebe und Verliebtsein gibt.

FRAGE: *Wenn leidenschaftliche Liebe und Verliebtsein ein und dasselbe sind, wieso behaupten dann meine Mutter und meine Freunde, daß sie den Unterschied erkennen können?*

Die Entscheidung, ob Sie eine Beziehung anknüpfen wollen oder nicht, stellt Sie vor zwei völlig getrennte Fragen: Liebe ich diesen Menschen? Ist er der richtige Partner für mich?

Wenn Eltern oder Freunde nach langen Diskussionen zugeben, daß es vielleicht die wahre Liebe ist, oder wenn sie felsenfest davon überzeugt sind, daß es sich nur um ›Verliebtsein‹ handelt, dann bedeutet das in Wirklichkeit keine Einschätzung Ihrer Gefühle, sondern sie bringen damit nur zum Ausdruck, ob sie die Beziehung gutheißen oder nicht. Im ersteren Fall sagen sie wahrscheinlich, daß es sich vielleicht wirklich um eine wahre Liebe handelt — die Zeit wird es erweisen. Im letzteren Fall lassen sie sich nicht davon abbringen, daß es nur Verliebtheit ist — heute akut, morgen vorbei.

Aber *Sie* sollten sich nicht selbst dadurch in Verwirrung bringen, daß Sie versuchen, einen Unterschied zwischen diesen beiden Begriffen zu machen, den es in Wirklichkeit gar nicht gibt. Es ist ebenso aufregend wie interessant, sich selbst zu erforschen und die eigenen Gefühle zu begreifen. Kosten Sie die Freude, einen geliebten Partner gefunden zu haben, voll aus, auch wenn Sie mit der Möglichkeit rechnen müssen, daß die Beziehung vielleicht scheitern wird.

FRAGE: *Woher weiß ich, ob der geliebte Partner meine Liebe erwidert?*

Im allgemeinen versuchen Liebende nicht, ihre Gefühle zu verbergen: Sie zeigen sie nicht nur dem geliebten Partner, sondern auch der Umwelt. Und selbst wenn jemand davor zurückscheut, offen über seine Liebe zu sprechen, so pflegt er sich doch durch sein Verhalten zu verraten.

Im ersten Kapitel haben wir uns mit den äußerlich sichtbaren Signalen der Liebe befaßt, aber es gibt noch andere Anzeichen, durch die Liebende ihre Gefühle offenbaren: Sie neigen dazu, die guten Eigenschaften des Partners zu übertreiben und ihre Fehler zu beschönigen — die Liebe macht wirklich ein bißchen blind. Außerdem bedingt eine Liebesbeziehung ja eine starke gefühlsmäßige Beteiligung der Partner, und jeder Liebende hat den Wunsch, seine Emotionen und Erfahrungen mit dem geliebten Partner zu teilen. Ein Liebender verhält sich dem Partner gegenüber zärtlich, gütig und verantwortungsbewußt. Dazu kommt, daß beide Partner sich auch sexuell stark zu einander hingezogen fühlen.

Woran liegt es aber, daß wir diese anscheinend so deutlichen Signale unseres Partners oft nicht wahrnehmen? Die Psychologen erklären es damit, daß die Beurteilung der Gefühle, die andere uns entgegenbringen, weitgehend von der Meinung abhängt, die wir über uns selbst haben. Der Grad der Selbstachtung bestimmt, wie wir auf Anerkennung oder Kritik reagieren. Menschen mit übertriebener Selbstachtung genießen jedes Lob, aber Kritik pflegen sie meist nicht zu begreifen, oder sie weisen sie zurück oder vergessen sie. Bei Menschen mit schwach ausgeprägter Selbstachtung ist es umgekehrt: Sie sind ständig auf der Lauer nach Kritik. Kein kritisches Wort entgeht ihnen; sie fühlen sich getroffen und schleppen die Erinnerung daran noch lange mit sich herum.

Jeder Mensch ist darauf bedacht, sein Ego zu schützen. Selbst wenn wir an einem anderen Menschen zutiefst interessiert sind, versuchen wir zuerst, seine Einstellung zu erforschen. Wir beobachten seine Reaktionen und entscheiden erst dann, ob es sich lohnt, die Beziehung weiter auszubauen.

Menschen mit hoher Selbstachtung erkennen sehr schnell, ob jemand an ihnen interessiert ist, und sie entscheiden ebenso schnell, ob sie dieses Interesse erwidern wollen oder nicht. Menschen mit niedriger Selbstachtung neigen dazu, die diskreten Signale, mit denen die Gegenseite ihr Interesse anzeigt, zu übersehen. Ein Mangel an Selbstachtung kann sogar zu einer Trübung des Urteilsvermögens führen.

FRÄULEIN PEACH

By Mell Lazarus

MISS PEACH by Mell Lazarus.
Courtesy of Mell Lazarus and
Field Newspaper Syndicate.

Hierzu ein Beispiel: Ich hatte im College eine Freundin, die von starken Selbstzweifeln geplagt war. Ständig beklagte sie ihre Häßlichkeit, ihre schlechte Haut und ihre plumpen Fußgelenke — kurzum, sie glaubte, daß es wohl keinen Mann gäbe, der sie attraktiv finden könnte. Sie hatte einen festen Freund, der ihr versicherte, daß er sie gernhabe, aber sie war sich nicht sicher, ob er das ernst meinte. ›Er will sich nie mit mir in der Öffentlichkeit zeigen‹, klagte sie. ›Er will immer nur in seiner Wohnung hocken, Schallplatten hören und mit mir schlafen. Er liebt mich nicht — er ist nur auf billigen Sex aus.‹ Und dann brach sie in Tränen aus. An ihrem Geburtstag ging sie mit ihrem Freund aus und kam weinend nach Hause. Was war geschehen? Er hatte sie zu einem Tanzabend in seinem Studentenclub mitgenommen, und beim Abschied hatte er sie nur auf die Wange geküßt. ›Er versucht, mich allmählich abzuschieben‹, jammerte sie. ›Er hält mich nicht mal mehr für sexy.‹ Was in aller Welt hätte der Ärmste tun sollen, um sie von seiner Zuneigung zu überzeugen?

Denken Sie einmal nach: Erwarten Sie automatisch, daß man Sie ablehnt? Legen Sie das Verhalten Ihres Partners – gleichgültig was er tut – stets als Beweis dafür aus, daß er Sie nicht *wirklich* liebt? Wenn ja, dann werfen Sie diese Einstellung sofort über Bord!

Natürlich kann es vorkommen, daß Ihr Partner widersprüchliche Gefühle Ihnen gegenüber hat; dann ist er sich nicht im klaren darüber, ob Sie für ihn wirklich die große Liebe sind.

FRAGE: *Was kann ich tun, um in meinem Partner Liebe zu erwecken?*

ANTWORT: *Glauben Sie einfach, daß er Sie liebt.*

Eine der wirksamsten Methoden, wie Sie einen Partner, der sich über seine Gefühle im unklaren ist, davon überzeugen können, daß er Sie liebt, besteht darin, daß Sie so tun, als ob Sie sich seiner Liebe ganz sicher sind — auch wenn das gar nicht stimmt. Die Ansichten, die wir über uns selbst und unsere Umwelt haben, sind ansteckend. Wenn wir guter Stimmung und überzeugt davon sind, unwiderstehlich zu sein, dann überträgt sich diese Einstellung auch auf andere.

Der Humorist Dan Greenberg hat in seinem Buch ›Wie man sich selbst unglücklich macht‹ geschrieben, daß der sicherste Weg, eine Beziehung schon in den Anfängen abzuwürgen, darin besteht, daß man die Motivation des Partners ständig bezweifelt.

Wie man eine Beziehung zerstört: Der große Liebestest
Ein Manöver in drei Abschnitten

Geeignet für jede Phase einer intimen Beziehung, besonders jedoch für das Anfangsstadium. Die Grundlage dafür ist die Voraussetzung: Du lehnst mich ab.

Abschnitt Nr. 1:

Sie:	Liebst du mich?
Ihr Partner:	Ja, *natürlich* liebe ich dich.

Abschnitt Nr. 2:

Sie:	Liebst du mich *wirklich?*
Partner:	Ja, ich liebe dich wirklich.
Sie:	Liebst du mich ganz wirklich?
Partner:	Ja, ich liebe dich ganz wirklich.
Sie:	Bist du *sicher,* daß du mich liebst — bis du absolut sicher?
Partner:	Ja, ich bin absolut sicher. (Pause)
Sie:	Weißt du, was das Wort ›Liebe‹ eigentlich bedeutet? (Pause)
Partner:	Nein.
Sie:	Wie kannst du dann sicher sein, daß du mich liebst? (Pause)
Partner:	Ich weiß nicht. Vielleicht kann ich mir dessen gar nicht sicher sein.

Abschnitt Nr. 3:

Sie:	Ach, das kannst du nicht, wie? Nun, wenn du dir nicht einmal sicher sein kannst, ob du mich liebst, hat es ja wohl kaum einen Sinn, daß wir zusammenbleiben. Wie denkst du darüber? (Pause)

Partner: Ich weiß nicht. Vielleicht hast du recht.
(Pause)

Sie: Auf das hast du schon ziemlich lange hingearbeitet, nicht wahr?

Dieser Dialog verdeutlicht, daß eine gesunde Selbstachtung einen weiteren Vorteil bietet: Selbstsichere Menschen sind fähig, die Liebessignale ihres Partners sofort zu erkennen und darauf zu reagieren. Aber wenn jemand an sich selbst zweifelt, bleibt er skeptisch, auch wenn der Partner ihm sagt, daß er ihn liebt. Ein solcher Mensch verlangt nach immer neuen Liebesbeteuerungen, oder, was noch schlimmer ist, er hält seinem Partner vor: ›Du liebst mich nicht. Wenn du mich liebtest, dann würdest du mich nicht so behandeln.‹ Wetten, daß er eines Tages sein Argument gewinnt?

4. Kapitel

Die Seligkeit der leidenschaftlichen Liebe

Ich persönlich glaube, daß die romantische Liebe die Quelle der intensivsten Wonnen ist, die das Leben bieten kann. In der Beziehung eines Mannes und einer Frau, die einander mit Leidenschaft, Phantasie und Zärtlichkeit lieben, gibt es etwas, das von unschätzbarem Wert ist, die Unkenntnis dessen für jeden Menschen ein großes Unglück ist.

Bertrand Russell
›Ehe und Moral‹

Es gibt viele verschiedene Meinungen darüber, welche Emotionen den Brennstoff für die Leidenschaft liefern. Am häufigsten werden Freude und Erfüllung genannt. Einige Psychologen behaupten, daß leidenschaftliche Liebe praktisch gleichbedeutend mit Todespein ist. (In der Tat war das die ursprüngliche Bedeutung des Wortes ›Passion‹). Die Sozialpsychologen sind der Ansicht, daß sowohl intensive Freude als auch intensiv schmerzvolle Erfahrungen zur Entstehung der Leidenschaft beitragen können, denn beide Arten von Emotionen bewirken eine physiologische Erregung — Liebesbeteuerungen, sexueller Genuß, Herausforderung und Aufregung ebensosehr wie Angst, Enttäuschung, Eifersucht, Zorn und tiefe Verwirrung. Je nach den gegebenen Umständen können sowohl Freude als auch Leid zur Vertiefung der Leidenschaft beitragen.

Für diese Behauptung gibt es Beweise. In diesem Kapitel wollen wir die strahlende Seite der Liebe erforschen und diskutieren, wie die freudvollen Erfahrungen, die wir mit dem Partner teilen, unsere Leidenschaft anfachen. In Kapitel 5 werden wir die dunklere Seite der Liebe untersuchen; wir werden erfahren, daß man einen Menschen nicht *trotz*, sondern *wegen* der Leiden lieben kann, die er einem zufügt.

Liebe und Phantasie

Vielen von uns ist es schon passiert, daß sie sich leidenschaftlich in einen Menschen verliebt haben, den sie kaum kennen. Das mag verrückt klingen, ist es aber nicht. In unseren Wunschträumen können wir mühelos das Bild des vollkommenen Liebespartners hervorzaubern — eines Partners, der all unsere geheimen, flüchtigen, extravaganten und widersprüchlichen Wünsche sofort erfüllt. Aber wenn wir dann einen Menschen aus Fleisch und Blut kennenlernen, sind unsere Reaktionen natürlich viel gemäßigter. Wir erkennen sehr schnell, daß er oder sie nicht dem Ideal unserer Wunschträume entspricht. Über dieses Thema hat sich der Schauspieler Marcello Mastroianni in einem Interview wie folgt geäußert:

> Ich bin unfähig, jemanden wirklich und von ganzem Herzen zu lieben. Ich versuche es, aber es mißlingt mir immer wieder. Und wissen Sie, warum? Wir haben über die Natur des Schauspielers gesprochen, über sein Bedürfnis, alles übersteigert zu sehen, auch eine Frau — sie mit einem Mythos zu umgeben, so daß sie zu einem Objekt in einem anderen Abenteuer wird. Man begehrt sie in einem imaginären, fast poetischen Sinn und sieht sie nicht mehr als ein normales menschliches Wesen.
>
> Genau das ist meine Schwäche. Ich glaube immer, daß es eine große Liebe ist — aber ich verlagere sie auf eine Ebene der Phantasie. Ich kann sie nicht dem Handeln und Denken eines Menschen anpassen, der wirklich liebt. Vielleicht sollte man lieben, ohne die Phantasie allzusehr in Aktion treten zu lassen. Aber das kann ich nicht, und so wird es ein Spiel, in dem mir nur das bleibt, was meine Phantasie mir ausmalt, während die Wirklichkeit, also die Frau, die ich liebe, immer mehr in den Hintergrund tritt. Sie sehen also, daß die Vorstellungskraft des Schauspielers, wenn er nicht auf der Bühne steht, sein ärgster Feind ist, der jede Chance für ein normales, glückliches Leben zerstört.

Kein Wissenschaftler kann überzeugend erklären, warum Männer und Frauen so sehr an der Hoffnung festhalten, daß sie durch die Liebe das Unerreichbare erreichen können. Aber es ist so. Auch wenn wir von einem Liebespartner enttäuscht werden, tut das unserem Glauben an die Liebe keinen Abbruch. Wir reden uns ein, daß es *das nächste Mal* ganz anders sein wird — daß wir dann den Partner finden werden, den wir uns erträumen, und der uns die vollkommene Erfüllung schenken wird.

Die Wunschvorstellung, daß der Mensch, den wir lieben, unserem Leben die Erfüllung bringt, ist eines der Grundelemente der romantischen Liebe.

Je stärker das Verlangen ist, desto phantastischer sind unsere Wunschvorstellungen

Sigmund Freud hat behauptet, daß glückliche Menschen sich keine Wunschbilder vorgaukeln, sondern daß nur Unzufriedene so etwas tun. Der Psychoanalytiker Theodor Reik hat diese Behauptung weiter ausgebaut, indem er sagte, daß ein Mensch dann, wenn er am unzufriedensten mit sich selbst und seinem Leben ist, am meisten unter der Liebe leidet:

> Der normale Mensch empfindet nur ein allgemeines, unerklärliches Gefühl der Unruhe oder Ungeduld, eine unbestimmbare Gemütslage, manchmal Langeweile oder Einsamkeit, Mißfallen an sich selbst oder sogar Abneigung gegen sich selbst, ein Gefühl der Unvollkommenheit und der Sehnsucht, ein Verlangen nach Zusammengehörigkeit ... Es ist, als ob eine Stimme in seinem Innern sagt: ›Irgendetwas ist nicht in Ordnung oder fehlt.‹

Dieser Zustand ist der beste Ausgangspunkt für die Entstehung einer tiefen Leidenschaft. Das folgende Gedicht beschreibt diese Gefühle:

> Meine Stimmung könnt' nicht schlechter sein,
> ich bin verbittert, mies, gemein.
> Meine Häßlichkeit lastet so schwer auf mir,
> daß ich für Schönheit verlor das Gespür.
> Das Licht des Morgens läßt mich erbeben.
> doch mag ich mich nachts nicht zur Ruhe begeben.
> Ich hacke auf allen Leuten herum
> und nehme das sanfteste Witzchen krumm.
> Ich find' keine Freude, ob ich les' oder mal',
> o Gott, wie ist dieses Leben schal.
> Ich schmiede böse Pläne, ohne Ruh' und Rast —
> wahrhaftig, ich gehöre in den Knast!
> Ich fühl mich nicht wohl, ich fühl mich nicht flau,
> und all meine Träume sind grau in grau.
> Geist und Seele liegen darnieder.
> ich bin mir selbst gründlich zuwider.

Ich nörgle und streite, ich blase nur Trübsal
und jammere über mein trauriges Schicksal.
Männer sind schnöde, perfid und mißraten —
o nächste Liebe, laß mich nicht warten!

Sowohl die Sozialpsychologen als auch die Psychoanalytiker sind der Meinung, daß der Zustand des akuten Mangels an Liebe ein geeigneter Nährboden für leidenschaftliche Wunschvorstellungen ist. Wenn wir nicht das bekommen können, was wir uns wünschen, dann träumen wir davon, wie wir es erreichen können. Zusammen mit zwei Kollegen beschlossen wir, den Wahrheitsgehalt der folgenden einfachen Hypothese zu prüfen: Die sexuelle Erregung stimuliert auch die Phantasie, so daß die Wirklichkeit strahlender aussieht, als sie ist.

Die Testpersonen — durchweg Studenten — wurden aufgefordert, ihre Gefühle über ein unbekanntes Mädchen zu äußern, dessen Bild jedem einzelnen vorgelegt wurde. Während die jungen Männer auf den Versuchsbeginn warteten, versorgten wir sie mit sorgfältig ausgewähltem Lesestoff. Eine Gruppe erhielt ziemlich langweiliges Material, die andere Artikel mit erotischem Inhalt.

Nach einer Weile erschien der Interviewer und zeigte jeder Testperson die Fotografie des Mädchens, einer hübschen Blondine, und gab dazu ein paar Informationen (von guter Intelligenz, verträglich, aufgeschlossen, gemäßigt liberale Einstellung). Was dachten die jungen Männer über sie? Nun, das hing ganz davon ab, was sie vorher gelesen hatten.

Wir waren von der Annahme ausgegangen, daß ein sexuell nicht erregter Mann ziemlich objektiv urteilen würde; seine Phantasie ist nicht stimuliert, so daß er die Wirklichkeit sieht, wie sie ist. Ein sexuell erregter Mann hingegen würde in gewissem Grade seine Wunschvorstellungen auf die Frau übertragen. Er würde mehr dazu neigen, Frauen als Sexualobjekte zu betrachten. Aus diesem Grund würde er vermutlich zwei Eigenschaften der Frau in einem übersteigerten Licht sehen: 1. ihre sexuelle Verlockung, 2. ihre sexuelle Rezeptivität (Empfänglichkeit).

Es zeigte sich, daß wir recht gehabt hatten. Je stärker ein Mann sexuell erregt war, desto schöner kam ihm das Mädchen vor und desto mehr neigte er zu der Annahme, daß es sexuell rezeptiv sein würde. Die nicht erregten Männer fanden das Mädchen lediglich recht nett. Die sexuell erregten Männer meinten, daß das Mädchen wahrscheinlich ziemlich

›liebeshungrig‹, ›leicht zu haben‹, ›willig‹, ›verdorben‹ und ohne Hemmungen sei. (Diese Beobachtung vermittelt uns eine neue Einsicht in die von vielen Frauenschändern geäußerte Behauptung: ›Sie hat es herausgefordert.‹)

Die Wunschvorstellung von Männern und Frauen

Bei einem gemütlichen Beisammensein mit ein paar Freunden begann eine der Anwesenden über ihre Probleme mit den Männern zu sprechen. ›Auch die aufgeschlossensten Männer scheinen Schwierigkeiten zu haben, ihre Gefühle auszudrücken‹, sagte sie. ›Ich sage einem Mann immer, daß ich ihn liebe. Warum kann er nicht seine Gefühle für mich in Worte fassen?‹ Die meisten von uns murmelten zustimmend.

Eine andere Frau fragte: ›Wie ist das eigentlich bei den Männern? Wonach sehnen sie sich? Wo lassen sie ihrer Phantasie freien Lauf?‹ Ein Mann erwiderte prompt: ›Bei Porno-Filmen!‹

Als das Gelächter verebbt war, erklärte er, was er meinte: ›Jeder Mann, der in den repressiven fünfziger Jahren aufwuchs, glaubte, daß die Männer sexbesessen sind, und daß die Frauen sich aus Sex nicht viel machen.‹ Heute sei zwar alles anders, die Frauen gäben offen zu, daß sie Sex mögen — trotzdem fiele es ihm schwer, das zu glauben. Die alten Anschauungen seien zu tief eingeprägt.

Die Männer in unserem Kreis schlossen sich dieser Ansicht an. Angesichts ihrer Erziehung sei es kein Wunder, daß ihre Wunschvorstellungen sich um Frauen rankten, die nach Sex begehrten, darum bettelten und unersättlich schienen.

Aus dieser Diskussion schälten sich zwei Fragen heraus, die auch in an uns gerichteten Briefen immer wieder gestellt wurden:

FRAGE: *Werden Männer und Frauen in gleichem Maße von ihren sexuellen Phantasien stimuliert?*

Früher wurde es sowohl von den Männern als auch von den Frauen als Tatsache akzeptiert, daß die Männer oft sexuelle Wunschvorstellungen hatten und diese genossen, während das bei den Frauen nur selten vorkam. Jeder Mann hatte es schon erlebt, daß er ohne besonderen Anlaß im Geist Verführungsszenen und sexuelle Wunschbilder vor sich sah und sich an erotische Dialoge erinnerte. Die Männer kannten auch die erregende Wirkung von erotischen Fotos, Büchern und Filmen. Aber sie konnten es sich schwerlich vorstellen, daß der Sex auch in den Gedanken der Frauen eine so große Rolle spielt.

Auch die Wissenschaftler glaubten, daß das Phantasieleben bei Mann und Frau völlig verschieden sei, und es ist noch nicht lange her, daß sich eine Wandlung abzeichnet. Aber jetzt fangen die Frauen an, ihre Gedanken zu enthüllen. Als Beispiel zitieren wir ein paar Sätze aus Nancy Fridays Buch ›My Secret Garden‹, in dem sie erzählt, wie verblüfft ihr Liebhaber darüber war, daß sie während des Liebesakts an einen anderen Mann dachte:

> ›Woran denkst du jetzt?‹ fragte der Mann, mit dem ich gerade vögelte; seine Worte waren genauso erotisch aufgeladen wie das, was sich in meinen Gedanken abspielte. Da ich niemals nachdachte, bevor ich im Bett irgend etwas mit ihm machte (so sicher waren wir uns unserer Spontanität und Reaktionen), überlegte ich auch jetzt nicht und sagte ihm, was ich dachte. Er stieg aus dem Bett, zog die Hose an und ging.

Der eindeutigste Beweis für die Irrigkeit der Annahme, daß das Phantasieleben von Mann und Frau grundverschieden sei, wurde durch kürzlich durchgeführte Befragungen und Laboruntersuchungen erbracht. Morten Hunt, der die Ergebnisse vieler Befragungen ausgewertet hat, kam zu folgendem Schluß: Wenn man Männer und Frauen fragt, ob sie sexuelle Phantasien haben (und diese genießen) und durch erotische Bücher und Filme sexuell erregt werden, zeigt sich, daß die Bereitschaft der Männer, dies zuzugeben, nur *geringfügig* größer ist als die der Frauen.

In Europa wurden mehrere Experimente folgender Art durchgeführt: Männlichen und weiblichen Testpersonen wurden Filme vorgeführt, in denen Männer und Frauen masturbierten, Zärtlichkeiten austauschten oder Geschlechtsverkehr hatten. Danach wurden die Testpersonen gefragt, wie sehr die Filme sie erregt hatten. Es ergab sich, daß die sexuelle Erregung bei den Männer nur geringfügig größer war als bei den Frauen.

Der Grad der sexuellen Erregung kann auch durch Instrumente gemessen werden. Beim Mann ist die Erregung äußerlich sichtbar, und zwar durch die Erektion; diese kann mit einem Plethysmographen gemessen werden, der jede Veränderung im Umfang des Penis registriert. Die sexuell erregte Frau hat genitale Empfindungen (Wärmegefühl, Juckreiz, Pulsationen), und ihre Vagina wird feucht. Diese Phänomene können ebenfalls plethysmographisch gemessen werden. Das Instrument wird in die Vagina eingeführt und registriert jede Änderung der Durchblutung und des Feuchtigkeitsgrades. Auch bei dieser Technik ergeben sich nur geringe Unterschiede zwischen Mann und Frau. Daraus ergibt sich, daß sowohl der Mann als auch die Frau durch sexuelle Phantasien erregt wird.

FRAGE: *Gibt es Unterschiede zwischen den sexuellen Wunschträumen von Männern und Frauen?*

Zweitausend Männer und Frauen wurden über ihre sexuellen Wunschvorstellungen beim Masturbieren befragt. Hierbei ergaben sich wesentliche Unterschiede im Hinblick auf den Grad der sexuellen Erregung, wie die nachstehende Zusammenstellung zeigt:

Art der Phantasievorstellung	Männer	Frauen
Geschlechtsverkehr mit einem geliebten Menschen	75 %	80 %
Geschlechtsverkehr mit einer fremden Person	47 %	21 %
Gleichzeitiger Geschlechtsverkehr mit mehr als einer Person des anderen Geschlechts	33 %	18 %
Jemanden zum Geschlechtsverkehr zwingen	13 %	3 %
Zum Geschlechtsverkehr gezwungen werden	10 %	19 %
Geschlechtsverkehr mit einer Person des gleichen Geschlechts	7 %	11 %

Die sich daraus ergebende Schlußfolgerung wurde von zwei Autoren so formuliert: ›Die sexuellen Wunschvorstellungen des Mannes betreffen meist eine Situation, in welcher er die Rolle des starken Aggressors spielt, der sein Sexualverlangen in einer relativ unpersönlichen Begegnung befriedigt ... Im Gegensatz dazu sind die Phantasien der Frau entweder betont romantisch ... oder sie betreffen eine Frau, die in einer sexuellen Situation gezwungen wird, sich zu unterwerfen.‹ Der wesentliche Punkt bei den scheinbar so grundverschiedenen männlichen und weiblichen Phantasievorstellungen ist jedoch der gleiche:

Sowohl der Mann als auch die Frau werden durch Wunschvorstellungen erregt, die ihren Selbstwert ausdrücken. Der Mann bringt seinen Wert zur Geltung, indem er sich als den Starken und Aggressiven sieht, die Frau, indem sie sich als überaus wertvolles Liebes- oder Sexualobjekt sieht. In unserem Kulturkreis ist der Inhalt der männlichen und weiblichen Sexualphantasien anscheinend weitgehend durch die traditionellen Klischees von dem für Männer und Frauen als angemessen betrachteten Verhalten beeinflußt.

Man kann also sagen, daß die Wunschvorstellungen von Männern und Frauen das gleiche Ziel haben: geliebt und begehrt zu werden. Lediglich die Formen, in denen sich dieses Verlangen ausdrückt, unterscheiden sich voneinander.

Liebe und Wirklichkeit

Die Liebe nährt sich aber nicht immer nur von Wunschvorstellungen. Manchmal werden unsere Träume Wirklichkeit — nämlich dann, wenn unsere Hoffnung, einen Partner gefunden zu haben, der unsere Bedürfnisse erfüllen kann, sich bewahrheitet. Dieses Glücksgefühl kann die Leidenschaft verstärken.

Das klingt sehr einfach, aber wir dürfen nicht vergessen, wie paradox die menschliche Natur ist. Jeder von uns braucht Geborgenheit, die tröstliche Gegenwart eines Menschen, der einem zugetan ist und von dem man weiß, daß er in guten und schlechten Zeiten dasein wird, bis ins hohe Alter hinein. Gleichzeitig haben wir das Verlangen nach Aufregung, Veränderung und Gefahr. Wir werden also zwischen unserem Bedürfnis nach dem einen und unserem Verlangen nach dem anderen hin und her gerissen.

Das Bedürfnis nach Geborgenheit

Die Geborgenheit ist eines der elementarsten Bedürfnisse des Menschen. Früher glaubte man, daß ein Kind deshalb an seiner Mutter hängt, weil es von ihr genährt worden ist. Die von Harry und Margaret Harlow durchgeführten Untersuchungen haben gezeigt, daß diese Ansicht falsch ist. Sicher, die Mutter als Nahrungsquelle ist wichtig, aber viel wichtiger für die Entwicklung der Liebe ist, daß die Mutter eine weiche, warme Zuflucht ist, an die das Kind sich anklammern kann, wenn es sich unsicher fühlt. Selbst eine ›Ersatzmutter‹ aus Draht und Stoff kann diesen Zweck erfüllen: Wenn das Kind sich an sie anklammern kann, dann kann es sie auch lieben.

Die Sehnsucht nach Verständnis

Jeder Mensch braucht jemanden, der ihn versteht, der an seinen Erfolgen und Mißerfolgen teilnimmt. Viele Leute haben in ihren Briefen an uns ausführlich beschrieben, was für ein Gefühl es ist, wenn man immer das fünfte Rad am Wagen war, ein Einzelgänger, der nirgendwo hineinpaßte, und plötzlich einem Menschen begegnet, der einen versteht.

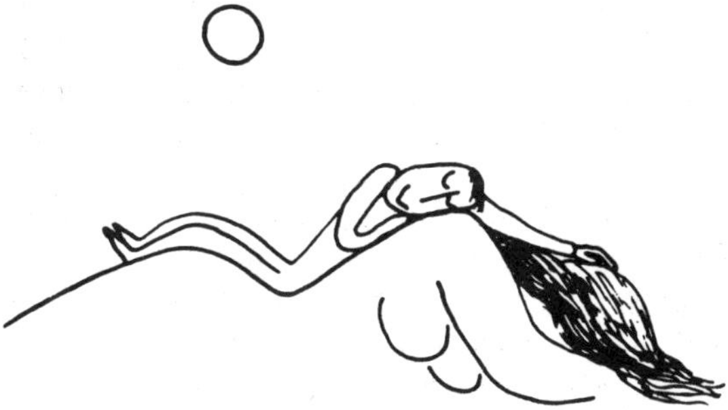

Wir paßten so gut zusammen.

Alle Mädchen, die ich früher gekannt hatte, schienen nur den Wunsch zu haben, in großem Stil auszugehen, damit sie ihren Freundinnen etwas erzählen konnten. Ich hatte nie das Gefühl, daß sie sich bemühten, mich zu verstehen. Sicher, meine Interessen sind anders als der gängige Geschmack (ich mag Jazz, aber keine Pop- oder Rockmusik). Vielleicht ist das mit ein Grund, weshalb ich so glücklich bin, endlich ein Mädchen gefunden zu haben, das sich wirklich dafür interessiert, was ich denke, was ich mag und was ich nicht mag. Sie legt mehr Wert darauf, sich mit mir zu unterhalten als in irgendein teures Restaurant zu gehen.

Ein 18jähriger Holzfäller
in Alaska

Ich kann es fast nicht glauben, wie sehr wir auf die gleiche Wellenlänge eingestimmt sind. Er hat mich gerade angerufen und nach dieser Unterhaltung und nach der Lektüre des Briefes, den ich heute von ihm erhielt, wurde mir klar, daß wir beide das Gleiche denken.
Vielleicht habe ich in ihm meinen zukünftigen Ehepartner gefunden, und ich glaube, er hat ähnliche Gedanken. Ich muß immerfort an ihn denken, und dabei kann ich mich nicht einmal genau erinnern, wie er aussieht! Welch lächerlicher Zustand — für gewöhnlich bin ich ruhig, überlegt und beherrscht.

Eine Kellnerin

Der Schauspieler Robert Redford verliebte sich in seine spätere Frau, weil sie ihn verstand.

Bevor ich Lola kennenlernte, reiste ich viel. Das war zwar in mancher Hinsicht eine großartige Erziehung, aber in Italien geriet ich in ein Stimmungstief. Ich fühlte mich einsam und alt. Ich kannte niemanden, der mich aus meiner Isolation erlösen konnte, und so trank ich mehr denn je. 1957 kehrte ich in meine Heimat nach Kalifonien zurück.
Lola hatte gerade die Schule beendet, und ihr ganzes Wesen war so erfrischend und verständnisvoll. Ich hatte ihr so viel zu sagen, daß ich manchmal die ganze Nacht durch re-

dete. Sie zeigte für alles, was ich sagte, aufrichtiges Interesse, und zwar in einem Zeitpunkt, in dem ich wirklich das Bedürfnis hatte, mit jemandem zu sprechen.
Wir gingen nächtelang spazieren, bis der Morgen dämmerte — und dann redeten wir immer noch. Ich hatte mir vorgenommen, nicht vor meinem 35. Lebensjahr zu heiraten, aber mein Instinkt sagte mir, daß dies ein Mensch war, mit dem ich mein Leben teilen wollte.

Die Sehnsucht nach einem zuverlässigen Helfer

Verständnis zu finden ist wundervoll. Aber manchmal haben wir noch mehr Glück, nämlich wenn wir jemandem begegnen, der unsere Bedürfnisse erkennt und entsprechend reagiert. Er ist dann sozusagen unser Retter.

Jeder von uns kennt die Sehnsucht nach Geborgenheit. Wenn wir einen Menschen finden, der fähig ist, uns vor den Enttäuschungen und Widrigkeiten des Lebens zu schützen, fühlen wir uns unendlich erleichtert, und dieses Wohlgefühl kann die Liebe vertiefen. Aber sobald wir das ersehnte Ziel — Geborgenheit — erreicht haben, erwacht in uns der Wunsch nach dem, was wir nicht haben: Aufregung.

Schon beim Kleinkind ist das Schwanken zwischen dem Bedürfnis nach Geborgenheit und dem Bedürfnis nach Freiheit deutlich ausgeprägt. Der Psychoanalytiker John Bowlby berichtet:

> James Anderson hat in einem Londoner Park das Verhalten von zweijährigen Kindern beobachtet: Die Mutter sitzt ruhig auf der Bank; das Kind entschlüpft ihr und läuft von ihr fort, wobei es alle paar Schritte stehenbleibt. Dann, nach einem längeren Halt, kehrt es zur Mutter zurück, aber jetzt läuft es schneller, und die einzelnen Strecken sind länger. Kaum ist es bei der Mutter angelangt, beginnt das Spiel zwischen Weglaufen und Rückkehr von neuem. Man könnte denken, das Kind sei durch ein unsichtbares Gummiband an die Mutter gebunden, das sich nur eine bestimmte Strekke lang ausdehnt und dann das Kind zur Mutter zurückzieht.

Bowlby hat beobachtet, daß das Interesse des Kindes an der Mutter nicht sonderlich groß ist, solange sie sich in der Nähe befindet. Es schaut die Mutter an, sieht, daß alles in Ordnung ist, und marschiert los. Ab und zu wirft es einen kurzen Blick auf die Mutter, um sich zu vergewissern, daß sie immer noch mit seinem Tun einverstanden ist, dann läuft es weiter. Ganz anders ist es, wenn das Kind die Mutter aus den Augen verliert. Es reagiert traurig oder verzweifelt oder aufgeregt. Es wendet all seine Energie auf, um sie zu suchen. Die Aussicht auf neue Abenteuer verliert ihren Reiz. Aber sobald die Mutter wieder da ist, geht das Kind erneut auf Entdeckungsreisen.

Dieses Verhalten ist auch für den Erwachsenen typisch. Oder haben Sie es noch nie erlebt, daß Sie sich gerade dann, wenn Sie sich in der Liebe Ihres Partners geborgen fühlen, irgendwelchen Wunschträumen hingeben?

Das Bedürfnis nach Aufregung

Der englische Dichter John Lyly, der im 16. Jahrhundert lebte, bemerkte einmal sehr weise, daß ›Gefahr und Entzücken an einem Halm wachsen‹. Ein Psychologe unserer Zeit schreibt über das rastlose Bedürfnis des Menschen nach Aufregung:

> Eine oberflächliche Untersuchung des Menschen der westlichen Zivilisation enthüllt ein Wesen, das ständig unzufrieden ist. Er verbringt viel Zeit mit der ›Jagd nach dem Glück‹, aber wenn er die Ziele erreicht, die für ihn ›Glück‹ bedeuten, ist die Jagd keineswegs beendet. Statt dessen werden die Ziele neu definiert, und die Jagd geht weiter. Allem Anschein nach ist die Jagd wichtiger als das Ziel. Das rastlose Streben des Menschen nach dem Neuen, sein Trachten, die Grenzen seines Geistes, seiner Kraft und seiner Sinne zu erforschen, trotz seiner Angst große Risiken einzugehen, seine tierischen Triebe von den Zügeln des sozialen Bewußtseins zu befreien, kann sowohl die Quelle seiner Kreativität als auch die Quelle seiner Destruktivität sein.

Heizung

06188/-5101

1995/96		1996/97	
HP	239.60	246.90	
Ftg.	507.– (50%)	518.–	(45%)
	746.60	764.90	
		./. 746.60	
	mehr	18.30	

Rheinland Lebensversicherung
Aktiengesellschaft

Die gängigsten Erklärungen für diesen Hunger nach Aufregung sind, daß Abwechslung gut tut und daß ein Mangel an Aufregung quälend ist, und daß jedes Tier ein optimales Reizniveau braucht, um wachsam zu sein, funktionieren zu können und sich weiterzuentwicklen. Aber so viele Erklärungen es auch gibt, in einem Punkt sind sich alle Psychologen einig: Der Mensch *braucht* Aufregung.

Dieses Bedürfnis ist je nach Veranlagung und den gegebenen Umständen stärker oder schwächer ausgeprägt. Zur Messung dieser Schwankungen hat der Psychologe Marvin Zuckerman eine ›Skala für das Sensationsbedürfnis‹ (SSB) entwickelt. Die Alternativen, die Aufregung versprechen, sind mit einem Stern gekennzeichnet. Für wie viele davon würden *Sie* sich entscheiden?

Skala für das Sensationsbedürfnis (SSB)

1. * Ich möchte eine Arbeit, bei der ich viel reisen muß.
   Ich bevorzuge eine ortsfeste Arbeit.

2. * Ein frischer, kalter Tag belebt mich.
   Ich flüchte mich vor der Kälte so schnell wie möglich ins Haus.

3. Ich verabscheue jede Art von Körpergeruch.
   * Ich finde bestimmte Arten von kernigem Körpergeruch angenehm.

4. Ich möchte keine Droge ausprobieren, die bei mir ungewohnte und gefährliche Erscheinungen bewirken könnte.
   * Ich würde gern ein paar von den neuen Drogen ausprobieren, die Halluzinationen hervorrufen.

5. Ich möchte am liebsten in einer Idealgesellschaft leben, wo sich jedermann sicher, geborgen und glücklich fühlt.
   * Ich hätte am liebsten in den Zeiten unserer Vergangenheit gelebt, in denen es noch keine etablierte Ordnung gab.

6. Ich verabscheue geschwindigkeitsvernarrte Autofahrer.
   * Ich fahre manchmal gern sehr schnell, weil ich es aufregend finde.

7. Wenn ich Vertreter wäre, würde mir ein Festgehalt lieber sein als das Risiko einer Arbeit auf Provisionsbasis.

* Wenn ich Vertreter wäre, würde ich lieber auf Provisionsbasis arbeiten, falls ich dann die Chance hätte, mehr zu verdienen als im Fall eines Festgehalts.

8. Ich argumentiere nicht gern mit Leuten, die völlig andere Ansichten haben als ich, weil dabei nichts herauskommt.
* Ich finde Leute, die andere Ansichten haben als ich, viel stimulierender als Leute, die meine Meinung teilen.

9. * Die meisten Leute wenden zuviel Geld für ihre Lebensversicherung auf.
Kein Mensch kann es sich leisten, auf eine Lebensversicherung zu verzichten.

10. Ich möchte mich nicht hypnotisieren lassen.
* Ich würde gern wissen, wie es ist, hynotisiert zu werden.

11. * Das wichtigste Ziel im Leben ist, es voll auszuschöpfen und so viele Erfahrungen wie möglich zu sammeln.
Das wichtigste Ziel im Leben ist, Frieden und Glück zu finden.

12. Ich pflege langsam in kaltes Wasser hineinzusteigen, um mich daran zu gewöhnen.
* Ich springe am liebsten schnell in kaltes Wasser hinein.

13. Die unregelmäßigen Rhythmen und Disharmonien der meisten modernen Musikstücke gefallen mir nicht.
* Ich höre mir gern neue und ungewöhnliche Arten von Musik an.

14. Die schlimmste soziale Sünde ist, rücksichtslos zu sein.
* Die schlimmste soziale Sünde ist, langweilig zu sein!

15. * Ich bevorzuge Menschen, die ihren Gefühlen Ausdruck geben, selbst wenn sie etwas unausgeglichen sind.
Ich bevorzuge Menschen, die ruhig und ausgeglichen sind.

16. Leute, die Motorrad fahren, müssen ein unbewußtes Bedürfnis haben, sich selbst zu verletzen.
* Ich würde gern Motorrad fahren oder Beifahrer sein.

Es gibt noch eine andere Möglichkeit, wie Sie Ihr Verlangen nach Aufregung stillen können, und zwar durch eine leidenschaftliche Liebe. Zuckerman führte eine Untersuchung durch, bei der die Testpersonen zuerst die Skala für das Sensationsbedürfnis ausfüllten und dann ein paar Angaben über ihr Sexualverhalten machten. Zuckerman stellte fest, daß zwischen der Punktzahl auf der Skala und den sexuellen Erfahrungen der einzelnen Testpersonen ein deutlicher Zusammenhang bestand.

Leidenschaft und Aufregung sind eng, vielleicht sogar untrennbar miteinander vergesellschaftet. Es ist aufregend, verliebt zu sein, und es ist ebenso aufregend, das Wesen eines anderen Menschen oder eine neue Sexualbeziehung zu erforschen. Die Aufregung, die ein solches Neuland bietet, verstärkt die Leidenschaft. Man kann also sagen, daß diese beiden Empfindungen sich gegenseitig ›anfeuern‹.

Wir wollen uns jetzt mit den beiden Aspekten einer Liebesbeziehung befassen, die sowohl Aufregung bieten als auch die Leidenschaft schüren: die Erforschung der Persönlichkeit eines anderen Menschen und der Sex.

Die Aufregung des Kennenlernens

Die Anknüpfung einer neuen Liebesbeziehung ist ein aufregender Vorgang: Es ist aufregend, herauszufinden, ob man auf einen anderen Menschen attraktiv wirkt; es ist aufregend, die Persönlichkeit eines anderen Menschen zu erforschen und seine Gedanken kennenzulernen; es ist aufregend, irgend etwas völlig Neues auszuprobieren, an das man bisher noch nie gedacht hat. Eine der schönsten Erfahrungen, die das Leben bietet, ist, einen anderen Menschen wirklich kennenzulernen. Hierzu zwei Zitate aus Briefen, die uns erreichten:

> Was ich an meiner heimlichen Liebesaffäre so besonders beängstigend und gleichzeitig aufregend finde, ist, daß ich mir nie ganz sicher bin, ob er mich attraktiv findet. Ich habe jedesmal Angst, daß er schockiert ist, wenn er mich nackt sieht. Ich habe schon ein paar graue Haare und ein paar Falten im Gesicht, und meine Brüste fangen an, schlaff zu werden. Meine Oberschenkel werden wabblig. Ich habe Angst, daß er sich abgestoßen fühlt. Wenn er sagt, daß er

mich schön findet, bin ich erleichtert und aufgeregt. Ich habe das Gefühl, daß das Leben mir noch eine Frist gewährt hat.

Vor allem versuche ich, in dieser Beziehung ganz und gar aufrichtig zu sein. Dazu hatte ich bisher nie den Mut gehabt. Ich habe mir gesagt, daß wir einander ja gar nicht kennen, und daß es deshalb nicht allzu gefährlich werden kann — daß ich eigentlich nichts zu verlieren habe. Und so habe ich mich bemüht, ganz ehrlich zu sagen, was ich denke. Er hat sich genauso verhalten. Es klingt paradox, aber das hat unsere Beziehung so vertieft . . . daß ich jetzt nervöser bin als je zuvor — denn jetzt *habe* ich etwas zu verlieren.

Eine verheiratete Frau

Das Faszinierende an meinem Mann ist, daß ich nie vorhersagen kann, was er denkt. Manchmal, wenn wir im Bett liegen und er nachdenklich vor sich hinstarrt, beuge ich mich über ihn und frage: ›An was denkst du, Liebling?‹ Natürlich erwarte ich, er denkt gerade, daß er mich liebt, oder daß er an eine andere Frau denkt oder irgend so etwas. Aber das stimmt nie. Er sagt zum Beispiel: ›Ich denke darüber nach, wie man eine riesige Uhr konstruieren könnte — eine, auf der alle Planeten in ihrer richtigen Position sind und sich in den richtigen Umlaufzeiten bewegen. Ich habe gerade überlegt, wie groß diese Uhr sein müßte, wenn alles der Wirklichkeit entsprechen soll.‹

Das mag eine etwas seltsame Basis für die Liebe sein, aber ich glaube, das was ich am meisten an ihm liebe, ist die Art, wie er denkt . . . und das ist mehr als genug.

Eine Lehrerin

Sex als Quelle der Aufregung

Sex ist immer aufregend. Eine sexuelle Begegnung ist ein physiologisches Stimulans, das Gesichtsröte, Herzklopfen usw. bewirkt (oder, wissenschaftlicher ausgedrückt: ›Der Geschlechtsverkehr bewirkt eine forcierte Atmung, eine Beschleunigung der Pulsfrequenz und eine deutliche Blutdrucksteigerung.‹) Sex ist wahrscheinlich dann am aufregendsten, wenn er den Reiz des Neuen hat, also z. B. die Art des Liebesspiels, die Umgebung, in der es stattfindet, oder der Partner selbst.

Der Coolidge-Effekt. Tierversuche haben gezeigt, daß bei niedrigeren Arten die sexuelle Reaktionsfähigkeit des Männchens durch eine wohlabgewogene Kombination von Gewohntem und Neuem stimuliert wird. Einerseits wird die sexuelle Erregung gefördert, wenn ein gewisser Grad von Sicherheit gegeben ist. Kinsey hat berichtet, daß sich bei vielen Arten (u. a. Affe und Stachelschwein) die Männchen *nur* mit Weibchen paaren, die ihnen vertraut sind; bei anderen Arten (z. B. Katzen und Hunden) werden die Männchen sexuell erregt, wenn sie in die Nähe von Örtlichkeiten kommen, wo sie bereits sexuelle Erlebnisse gehabt haben.

Andererseits zeigen viele Tiere, die längere Zeit zusammenleben, ›psychologische Ermüdungserscheinungen‹, d. h. sie verlieren das sexuelle Interesse aneinander. Die Forscher Frank Beach und Lisbeth Jordan führten einen Versuch durch, in dem männliche und weibliche Ratten sich paaren konnten, bis die Männchen ›erschöpft‹ waren (bei den Weibchen tritt dieser Zustand nicht auf). Es dauerte dann zehn bis fünfzehn Tage, bis die Männchen ihre sexuelle Leistungsfähigkeit wiedergewonnen hatten.

Ein anderer Forscher, Allen Fisher, konnte nachweisen, daß es selbst bei der Ratte einen Unterschied zwischen ›Erschöpfung‹ und ›Langeweile‹ gibt. Wenn ein Männchen erschöpft war und das bisherige Weibchen durch ein anderes ersetzt wurde, konnte das Männchen den Geschlechtsakt plötzlich wieder ohne Schwierigkeiten vollziehen. Und wenn das zweite Weibchen durch ein drittes oder sogar viertes ersetzt wurde, konnte das Männchen die Zahl der Ejakulationen verdoppeln oder gar verdreifachen, bevor es wieder erschöpft war.

Sexuell gesättigte Ratten können also — genauso wie Ehemänner oder Ehefrauen, die ihres Partners überdrüssig sind — durch einen neuen Partner stimuliert werden. Dieses Phänomen trägt die Bezeichnung ›Coolidge-Effekt‹, und zwar auf Grund der folgenden Anekdote: Präsident Coolidge und seine Frau besichtigten eine große Hühnerfarm. Frau Coolidge, die ein Stück vorausgegangen war, beobachtete, wie ein besonders emsiger Hahn unermüdlich eine Henne nach der anderen besprang. Sie trug dem Führer auf, den Präsidenten auf diesen Hahn aufmerksam zu machen. Das geschah auch. Der Präsident dachte einen

Augenblick nach und erwiderte: ›Sagen Sie meiner Frau, daß mehr als eine Henne da ist.‹

Der folgende Versuch zeigt, daß die Reaktion auf eine neue Bekanntschaft sowohl davon abhängt, wie attraktiv man die betreffende Person normalerweise finden würde, als auch davon, ob man im Zeitpunkt des Kennenlernens sexuell erregt ist oder nicht.

Eine Gruppe von männlichen und weiblichen Testpersonen wurde aufgefordert, neunzehn erotische Lichtbilder zu bewerten, auf denen junge Männer und Frauen in allen erdenklichen Kombinationen, Positionen und sexuellen Aktivitäten zu sehen waren. Natürlich waren alle der Meinung, daß diese Bilder sehr erregend seien. Einer zweiten Gruppe wurden Lichtbilder mit geometrischen Figuren gezeigt; diese Testpersonen gaben nüchterne Urteile ab.

Im zweiten Abschnitt des Versuchs wurde jeder Testperson ein Arbeitspartner zugeteilt. Beide mußten einen Fragebogen ausfüllen, wobei sie gefilmt wurden.

Es zeigte sich, daß Männer und Frauen, die sexuell erregt waren, ganz anders auf die neue Bekanntschaft reagierten als diejenigen, die ›nichts Besonderes‹ fühlten. Sie sahen z. B. ihren Partner viel öfter an, als sie es normalerweise getan hätten. Wenn jedoch beide Partner Männer waren, sahen sie sich seltener an als im Normalfall. Anscheinend war es ihnen unangenehm, mit einem anderen Mann zu reden, während sie sich sexuell erregt fühlten, und ihr Verhalten sollte diesen Zustand wohl vertuschen. Die weiblichen Testpersonen waren nicht so nervös; im Gegenteil, sie sahen ihre Partnerin sogar öfter an, wenn sie im Nachstadium einer sexuellen Erregung waren.

FRAGE: *Soll ich dem Menschen, den ich liebe, sagen, daß ich ihn liebe? (Sicherheit) Oder soll ich so tun, als ob ich schwer zu erobern bin? (Aufregung)*

Es ist eine weitverbreitete Ansicht, daß eine Frau, die sich einem Mann ›an den Hals wirft‹, weniger Leidenschaft erweckt als eine Frau, die sich zurückhaltend gibt. Das ›Kamasutra‹ von Watsjajana empfiehlt das folgende Vorgehen, wie eine Frau die ›Oberhand‹ über einen Mann gewinnen kann:

> Schon in alten Schriften wird gesagt, daß eine Frau, auch wenn sie den Mann noch so liebt, sich niemals anbieten oder von sich aus Annäherungsversuche machen sollte, denn wenn sie das tut, verliert sie ihre Würde und setzt sich der Verachtung und Abweisung aus. Wenn der Mann versucht, sie zu küssen, soll sie sich wehren; wenn er sie anfleht, ihm den Geschlechtsverkehr mit ihr zu gestatten, soll sie ihm nur erlauben, ihre Geschlechtsteile zu berühren, und auch das nur unter vielen Mühen; und so sehr sie auch von ihm bedrängt wird, sie soll sich ihm nicht hingeben, als ob sie es aus eigenem Willen täte, sondern sie soll seinen Bemühungen, sie zu besitzen, widerstehen. Nur wenn sie sicher ist, daß sie wahrhaft geliebt wird, und daß ihr Liebhaber ihr wirklich treu ergeben ist und seinen Sinn nicht ändern wird, sollte sie sich ihm hingeben und ihn dazu bringen, sie schnell zu heiraten. Nachdem sie ihre Jungfräulichkeit verloren hat, sollte sie es ihren engsten Freundinnen mitteilen.
> Damit enden die Bemühungen einer Frau, die Oberhand über einen Mann zu gewinnen.

Sokrates, Ovid, das Kamasutra, Bertrand Russell und die Briefkastentanten befinden sich also in schönster Übereinstimmung: Die Liebe wird durch Aufregung und Herausforderung stimuliert. Es sieht aber ganz danach aus, als ob alle diese Weisen unrecht hätten. Bis zum Jahr 1970 akzeptierten auch wir die traditionellen Ansichten, aber dann begannen wir mit unseren ersten Untersuchungen.

Unsere ersten Testpersonen waren Männer. Wir fragten sie nicht, *ob* sie eine leicht zu erobernde oder eine schwer zu erobernde Frau bevorzugten, sondern *warum* sie leicht zu erobernde Frauen ablehnten und schwer zu erobernde Frauen begehrten. Die meisten Testpersonen bestätigten unsere Voraussetzung. Sie erklärten, daß man bei einer leicht zu erobernden Frau auf allerhand Unannehmlichkeiten gefaßt sein müsse. (Sie ist wahrscheinlich ausgehungert nach einem Mann. Sie ist wahrscheinlich eine Frau, die zu viele Anforderungen stellt, die gleich

Ernst machen will. Oder noch schlimmer: Sie hat vielleicht eine ›Krankheit‹.)

Dagegen sei die zurückhaltende Frau mit großer Sicherheit eine wertvolle Frau. Die Testpersonen sagten, daß eine Frau es sich nur dann leisten kann, wählerisch zu sein, wenn sie beliebt ist — und dafür muß es ja einen Grund geben. Wenn eine Frau schwer zu erobern ist, bedeutet das meistens, daß sie besonders hübsch ist, eine gute Persönlichkeit hat, sexy ist und so weiter. Die Männer sind auch von der Herausforderung fasziniert, die eine schwer zu erobernde Frau bietet: Sie ist ein Anreiz für phantasievolle Vorstellungen darüber, wie eine Verabredung mir ihr wohl verlaufen würde. Und da eine schwer zu erobernde Frau als begehrenswert gilt, kann ein Mann auch an Prestige gewinnen, wenn er mit ihr zusammen gesehen wird. Kurzum, fast alle Testpersonen (und wir auch) nahmen es als erwiesen an, daß Männer schwer zu erobernde Frauen bevorzugen, und sie konnten für dieses Vorurteil jede Menge Begründungen vorbringen.

Aber es gab ein paar Männer, die anderer Ansicht waren. Sie äußerten die Meinung, daß eine unnahbare Frau nicht unbedingt begehrenswerter sein muß als eine zugängliche Frau. Es gibt Frauen, so sagten sie, die man überhaupt nicht erobern kann, weil sie Männerfeindinnen oder gefühlskalt sind, und es gibt auch Frauen, die man aus dem einfachen Grund leicht erobern kann, weil sie freundlich und zugänglich sind. Wir schenkten diesen abweichenden Aussagen keine Beachtung.

Dann führten wir fünf Versuche durch, die demonstrieren sollten, daß eine schwer zu erobernde Frau höher eingeschätzt wird als eine zugängliche Frau. Alle fünf Versuche waren Fehlschläge.

Eines dieser Versuchsmodelle war wie folgt angelegt: Durch Inserate wurden Studenten und Studentinnen gesucht, die an einer kostenlosen Partnerwahl per Computer teilnehmen wollten. Alle wichtigen Daten und Wünsche der Testpersonen wurden gespeichert.

Zwei Wochen später wurden die Männer aufgefordert, sich den Namen und die Telefonnummer der vom Computer ausgewählten Partnerin abzuholen. Der für die Auswahl verantwortliche Experimentator bat jeden Mann, die ihm zugedachte Partnerin vom Büro aus anzurufen, sie einzuladen und über seinen ersten Eindruck von ihr zu berichten.

In den zwei Wochen, bevor die Männer sich im Büro meldeten, hatten die weiblichen Teilnehmerinnen genaue Anweisungen erhalten, wie sie sich verhalten sollten, wenn ihre ›Computer-Bekanntschaften‹ anriefen und um eine Verabredung baten. Die Hälfte von ihnen sollte die Rolle der schwer zu erobernden Frau spielen. Auf die Einladung hin sollten sie zunächst so tun, als ob sie überlegen müßten, und dann sagen: ›Hmm . . . (kleine Pause) . . . Nein, da bin ich schon verabredet. Es kommt mir vor, als ob es schon eine ganze Weile her ist, seit ich mich für die Partnerwahl per Computer gemeldet habe, und in der Zwischenzeit habe ich eine ganze Menge Leute kennengelernt — wirklich, ich bin die ganze Woche besetzt.‹ Wenn der Mann dann einen anderen Termin vorschlug, sollten sie nach einigem Zögern einwilligen.

Die andere Hälfte der Frauen sollte sich zugänglich geben und sofort die Einladung zu einem Treffen annehmen.

Alle fünf Versuche hatten dasselbe Ergebnis: Den Männern gefielen die zugänglichen und die abweisenden Frauen gleich gut. Daraus ergibt sich die Schlußfolgerung, daß eine abweisende Haltung nicht unbedingt die wirksamste Methode ist, um sich für jemanden, an dem man interessiert ist, attraktiv zu machen.

Wie soll man sich also verhalten? Soll man einem anderen Menschen einfach eingestehen, daß man ihn liebt (und ihm dadurch Sicherheit bieten)? Oder soll man Zurückhaltung üben? Die beste Antwort ist: Handeln Sie so, wie es Ihrer Natur entspricht. Man kann niemals vorhersagen, was anderen Menschen gefällt oder mißfällt. Offene Freundlichkeit kann genauso attraktiv wirken wie kühle Unnahbarkeit. Sie gewinnen nichts, wenn Sie etwas vortäuschen, also können Sie genausogut von Anfang an offen reden und sich ungezwungen benehmen. Wenn Sie jemanden mögen, dann zeigen Sie es; lassen Sie ihn wissen, welche Hoffnungen Sie für die weitere Entwicklung der Beziehung haben — und verbergen Sie auch nicht Ihre diesbezüglichen Zweifel.

5. Kapitel

Die Schmerzen der leidenschaftlichen Liebe

Anscheinend kann sexuelles Verlangen sich ohne weiteres mit jeder anderen starken Emotion vermischen und durch solche Empfindungen stimuliert werden; die Liebe ist nur eines dieser Gefühle... Die sexuelle Begierde kann durch die Angst vor dem Alleinsein, durch den Wunsch, zu erobern oder erobert zu werden, durch Eitelkeit, durch den Wunsch, zu verletzen oder sogar zu zerstören genauso stimuliert werden wie durch die Liebe.

Erich Fromm
›Die Kunst des Liebens‹

FRAGE: *Meine Liebesbeziehung ist so frustrierend. Warum nehme ich all diese Pein auf mich?*

ANTWORT: *Vielleicht lieben Sie Ihren Partner nicht trotz, sondern wegen der Enttäuschungen und Ängste, die er Ihnen bereitet.*

Der Mensch neigt von frühester Kindheit an dazu, auf ein beunruhigendes Ereignis eine sexuelle Reaktion zu zeigen. Wenn bei einem männlichen Baby das emotionale Gleichgewicht gestört ist — was es durch Unruhe, Quengeln oder Schreien anzeigt —, hat es fast immer eine Erektion. Bei Halbwüchsigen sind Angst und Sexualität oft vergesellschaftet. Vorpubertäre Knaben zählten auf die Frage, ob sie jemals in einer nicht-sexuellen Situation erotische Reaktionen verspürt hätten, folgende Anlässe auf: ›Unfälle oder knapp vermiedene Unfälle‹, ›zu spät in die Schule kommen‹, ›aufregende Spiele‹, ›Zeugnisse‹, ›schnelles Autofahren‹, ›Zorn auf einen anderen Jungen‹, ›von einem hohen Gebäude auf die Straße hinuntersehen‹; Mädchen berichteten ähnliche Gefühle.

Erwachsene sind im Zustand des emotionalen Aufruhrs besonders anfällig gegen Liebe und Sex. Bertrand Russell beschreibt in seiner Autobiographie, wie ein angsterregendes Ereignis, das mit seinem Privatleben in keinerlei Zusammenhang stand — es handelt sich um den Ersten Weltkrieg —, seine leidenschaftlichen Gefühle für seine Geliebte verstärkte:

> Wir kannten einander kaum, und doch begann in diesem Augenblick für uns beide eine Beziehung von tiefem Ernst

> und tiefer Bedeutung, manchmal glücklich, manchmal schmerzhaft, aber niemals unwert, den durch den Krieg hervorgerufenen öffentlichen Emotionen an die Seite gestellt zu werden. In der Tat war der Krieg vom ersten bis zum letzten Tag in die Textur unserer Liebe verwoben. Als ich das erste Mal mit ihr schlief (bei unserem ersten Zusammensein als Liebende gingen wir nicht miteinander ins Bett, da wir uns zuviel zu sagen hatten), klang von der Straße plötzlich ein bestialisches Triumphgeschrei herauf. Ich sprang aus dem Bett und sah einen brennenden Zeppelin abstürzen. Es war der Gedanke daran, daß tapfere Männer qualvoll starben, der den Triumph auf der Straße ausgelöst hatte. In diesem Augenblick war Colettes Liebe meine Zuflucht.

Die romantische Leidenschaft wird oft durch unangenehme, aber erregende Empfindungen verstärkt, wie z. B. Angst und Furcht, Frustration, Eifersucht, Einsamkeit und Zorn.

Angst und Furcht

Manchmal verspürt man mehr Angst als Freude, wenn man dem geliebten Menschen gegenübertritt, wie der nachfolgende Auszug aus dem Brief eines Vertreters demonstriert.

> Ich lernte Helene vor einem Jahr auf einem Betriebsfest kennen. Ungefähr viermal im Jahr ruft die Geschäftsleitung die Verkaufsdirektoren der einzelnen Bezirke ins Hauptbüro, sagt uns, was wir tun könnten, um den Umsatz zu steigern, und träufelt dann Balsam auf unsere wunden Egos, indem sie zum Abschluß ein rauschendes Fest veranstaltet. Für mich sind diese Tagungen eine ebenso qualvolle wie wonnevolle Mischung aus Hoffnung und Angst. Schon eine Woche vor der Party bin ich wie im Fieber. Ich denke an all die witzigen Dinge, die ich zu Helene sagen werde, an unsere herzlichen Gespräche und wie aufregend es sein wird, sie

in meine Wohnung einzuladen. Ich denke daran, wie wundervoll es sein wird, sie zu lieben.
Unmittelbar vor der Party ist alles anders. Ich habe furchtbare Angst. Ich schwitze vor Nervosität; auf meiner Oberlippe sammeln sich Schweißtropfen, und auf meinem Hemd zeichnen sich unter den Armen dunkle Ringe ab. Wenn es dann soweit ist und ich sie tatsächlich vor mir sehe, ist es noch schlimmer. Der Wunsch, einen guten Eindruck zu machen, ist so überwältigend stark, daß ich wie gelähmt bin. Ich habe Angst, irgend etwas zu tun.

Die Angst ist aber nicht nur eine unangenehme Nebenwirkung der Liebe — sie fördert auch die Leidenschaft. Eine Gruppe von kanadischen Physiologen führte einen interessanten Versuch durch, um den Zusammenhang zwischen Angst und sexueller Erregung nachzuweisen. Die Testpersonen waren Frauen, denen drei verschiedene Filme gezeigt wurden.

1. Angst-Film:	Eine Reportage, die ein paar entsetzliche Autounfälle in allen Einzelheiten zeigte. Sogar die Todesschreie der Wageninsassen waren zu hören.
2. Neutraler Film:	Ein Reisebericht über Nova Scotia.
3. Sex-Film:	Ein nacktes Paar beim Vorspiel, das unmittelbar vor dem Beginn des Koitus abbrach.

Die Filme wurden ohne Pause aneinandergereiht. Wie reagierten die Frauen, wenn sie zuerst den erotischen und dann den Angst-Film sahen? Oder zuerst den erotischen und dann den neutralen Film? Oder den Angst-Film und danach den Sex-Film? Oder schließlich zuerst den neutralen und dann den Sex-Film?

Wurde der Angst-Film genau dann gezeigt, wenn die Frauen begannen, sich durch den Sex-Film angenehm erregt zu fühlen, empfanden die Frauen etwas mehr Angst und erheblich weniger sexuelle Stimulation als im Normalfall. Wenn aber der Angst-Film vor dem Sex-Film gezeigt wurde, geschah etwas sehr Merkwürdiges: Die ängstlichen Frauen wurden sexuell viel stärker erregt, als sie es normalerweise gewesen wären. Die Angst verstärkte also ihre Sexualempfindungen, statt sie zu unterdrücken. Allem Anschein nach wird die sexuelle Reaktion durch einen bestimmten Grad von Angst oder nervöser Spannung verstärkt. Das bedeutet, daß unter bestimmten Umständen die Leidenschaft durch Angst geschürt werden kann.

Wie steht es nun mit der Furcht? Zwei Psychologen konnten nachweisen, daß zwischen Furcht und sexueller Attraktion ein enger Zusammenhang besteht. Beim ersten Modell handelte es sich um einen ›Lern-Versuch‹, an dem männliche und weibliche Testpersonen teilnahmen. Die Frauen waren durchwegs besonders hübsche Studentinnen. Den Männern wurde mitgeteilt, daß in dem Experiment die Wirkung von Elektroschocks auf das Lernvermögen untersucht werden sollte. Einigen von ihnen wurde versichert, daß sie zur Kontrollgruppe gehörten und nur ganz schwache, kaum spürbare Schocks bekommen würden. Die anderen Männer sollten dazu gebracht werden, daß sie sich fürchteten. Deshalb wurde ihnen gesagt, daß die Elektroschocks ziemlich schmerzhaft sein würden.

Kurz bevor das Experiment angeblich beginnen sollte, wurde jeder Mann einzeln befragt, was er über die hübsche Studentin dachte, die ihm der ›Zufall‹ als Partnerin beschert hatte, d. h. wie stark er sich zu ihr hingezogen fühlte (›Wie gern würden Sie sie um eine Verabredung bitten?‹ ›Wie gern würden Sie sie küssen?‹). Die Prüfer hatten vorhergesagt, daß Furcht die sexuelle Attraktion verstärken würde, und das erwies sich als richtig. Die Männer, die Furcht verspürten, fanden ihre Partnerinnen viel verführerischer, als es bei den ruhigen, nicht nervösen Männern der Fall war.

Im zweiten Versuchsmodell wurden die Reaktionen von jungen Männern verglichen, die zwei Brücken überquerten. Die eine Brücke war eine hundertfünfzig Meter lange und einen Meter fünfzig breite, schwankende Hängebrücke, die sich über eine siebzig Meter tiefe Schlucht mit einem Wildwasser spannte. Die andere Brücke, die sich ein Stück weiter flußaufwärts befand, war eine solide, breite Konstruktion.

Sobald eine der Testpersonen über eine Brücke ging, kam ihr eine hübsche Studentin entgegen. Sie erklärte dem jungen Mann, daß sie im Rahmen einer praktischen Übung eine Umfrage durchführe, und bat ihn, einen Fragebogen auszufüllen. Wenn er damit fertig war, sagte die Studentin, daß sie ihm den Zweck dieser Untersuchung gern näher erläutern würde, sobald sie ›mehr Zeit‹ hätte. Dann schrieb sie ihre Telefonnummer auf einen Zettel, damit der Mann sie anrufen könnte, falls er an weiteren Informationen interessiert sei. Von den Männern, die das Mädchen im Zustand der Furcht getroffen hatten, machten mehr von dem Angebot Gebrauch, als es bei den Teilnehmern der anderen Gruppe der Fall war. (Neun von den dreiunddreißig Männern auf der Hängebrücke riefen die Studentin an; von den Männern auf der festen Brücke meldeten sich nur zwei.)

So seltsam es auch klingen mag — die Ausschüttung von Adrenalin schürt die Liebe. Auch so unangenehme Empfindungen wie Angst und Furcht können wesentlich zur Entwicklung einer leidenschaftlichen Liebe beitragen.

Frustration

Als Chrustschow einmal über den russischen Volkscharakter sprach, sagte er: ›Als die adligen Grundbesitzer erkannt hatten, daß sie ihre Bauern am billigsten mit Kartoffeln ernähren könnten, versuchten sie, aus den Bauern Kartoffelesser zu machen, jedoch ohne Erfolg. Aber sie kannten ihre Leute. Sie ließen hohe Zäune um die Kartoffeläcker ziehen. Daraufhin stahlen die Bauern die Kartoffeln und entwickelten bald eine Vorliebe dafür.‹

Es gibt zwar keine Beweise dafür, daß ›die Zuneigung mit dem Quadrat der Entfernung wächst‹, doch kann man mit Sicherheit sagen, daß in vielen Fällen die Hindernisse, die sich Liebenden entgegenstellen, die Zuneigung verstärken. Bei Liebesbeziehungen, die in Kriegszeiten angeknüpft werden, bei unerwiderter Liebe und bei außerehelichen Liebesaffären wird die Leidenschaft — zumindest teilweise — durch Frustration geschürt.

Freud behauptet, daß unsere romantischen Gefühle mit der Erregung beginnen, die mit *inhibierter* Sexualität assoziiert ist. Er sagt, daß ein Hindernis erforderlich sei, damit die Geschlechtslust ihren Höhepunkt erreichen könne, und daß die Menschheit immer dann, wenn natürliche Schranken nicht genügten, um eine volle Befriedigung zu erreichen, künstliche Schranken errichtet habe, um die Liebe genießen zu können.

Die Autoren erotischer Literatur machen von dieser Erkenntnis weidlich Gebrauch. Die Begierde nach Erfüllung wird erst dann befriedigt, wenn die Wollust durch ein erotisches Vorspiel angeheizt worden ist. Die sexuelle Deprivation, d. h. die Vorenthaltung der Erfüllung, ist also genauso erregend wie die sexuelle Befriedigung.

FRAGE: *Wie können Eltern eine unerwünschte Beziehung am besten unterbinden?*
ANTWORT: *Indem sie sich nicht einmischen.*

Viele Eltern haben ein kurzes Gedächtnis. Sie haben vergessen, was sie selbst fühlten, als ihre eigenen Eltern versuchten, sich in ihre Angelegenheiten einzumischen, und wie sehr sie dadurch angestachelt wurden, die verbotene Beziehung ›nun erst recht‹ fortzusetzen. Nur allzu häufig wiederholen sie diesen Fehler bei ihren eigenen Kindern. In den meisten Fällen verstärkt die elterliche Einmischung die romantischen Gefühle, statt sie zu dämpfen. Wir geben nachstehend einen Brief wieder, in dem eine junge Frau beschreibt, wie es dazu kam, daß sie in eine katastrophale Ehe hineinschlidderte:

> Ich hatte wirklich keine Ahnung davon, was die Ehe eigentlich ist, und deshalb ging ich so bedenkenlos an die Ehe heran, als ob sie ein Spiel sei. Ach ja, ich habe noch etwas sehr Wichtiges vergessen: Weil er geschieden war, stempelte meine Mutter ihn automatisch als ungeeignet ab, und das war ein ganz wesentlicher Faktor, der mich zu ihm trieb. Sie fand ihn sympathisch, sein Beruf gefiel ihr, sein Alter, sein Aussehen und so weiter, aber sobald sie erfahren hatte, daß er geschieden war, war er plötzlich ein verkommener Taugenichts, schlecht und ungeeignet, und das machte mich störrisch. Meine Heirat war praktisch ein Mittel, um mich zur Wehr zu setzen, eine Trotzreaktion. Jawohl, jetzt wollte ich ihn erst recht heiraten — und das tat ich auch, zu meinem großen Kummer.

All die berühmten, leidenschaftlichen Liebespaare der Literatur, z. B. Romeo und Julia oder Abaelard und Héloise, hatten ein gemeinsames Problem: Ihre Familien waren miteinander verfeindet. Anscheinend fehlt einer Liebesbeziehung die Würze, wenn sie ohne größere Schwierigkeiten genossen werden kann.

Eine Gruppe von Psychologen konnte nachweisen, daß der Widerstand der Eltern tatsächlich die romantische Liebe verstärkt. Die Testpersonen bestanden aus einunddreißig unverheirateten Paaren (von denen achtzehn zusammen lebten) und einundneunzig Ehepaaren. Die Paare wurden einzeln über die folgenden beiden Punkte befragt:

- Elterliche Einmischung: Bis zu welchem Grad haben Ihre Eltern sich störend in Ihre Beziehung eingemischt? Haben Ihre Eltern sich in jüngster Zeit mehr oder minder stark eingemischt?
- Romantische Liebesskala: Wie stark sind die romantischen Gefühle, die Sie Ihrem Partner gegenüber haben, und zwar sowohl im allgemeinen als auch in jüngster Zeit?

Die Prüfer fanden ihre Vorhersage vollauf bestätigt. Sobald die Eltern anfingen, sich mehr zurückzuhalten, schwächte sich das gegenseitige Interesse der Liebenden ab. Aber je mehr die Eltern sich einmischten, desto inniger wurde die Beziehung. Die elterliche Einmischung wirkt also eher wie ein Bumerang: Sie bewirkt in den meisten Fällen eine Verstärkung des Verlangens, nicht aber eine Auflösung der Beziehung.

Eifersucht

> Gleichgültig wie vollkommen — oder praktisch vollkommen — eine Ehefrau sein mag — sie muß immer auf der Hut vor der ›Anderen‹ sein. In meiner Definition ist die ›Andere‹ jede Frau, die fähig ist, meinen Mann länger als dreißig Sekunden hintereinander zu bezaubern, zu amüsieren, zu fesseln oder voll und ganz zu interessieren.
>
> Judith Viorst
> *›Ja, ich bin verheiratet‹*

Simone de Beauvoir hat einmal beschrieben, wie die Welt einer eifersüchtigen Ehefrau zerbricht. Es ist eine sehr traurige Chronik. Es handelt sich um eine Frau in den Fünfzigern, die stets behauptet, daß sie ihren Mann liebe, aber in Wirklichkeit ist ihre Ehe längst bar jeder Leidenschaft und zur Routine geworden. Es ist ein ruhiges, eintöniges Leben, aber als der Ehemann eines Tages gesteht, daß er eine Geliebte hat, wird alles anders. Der Gemütszustand der Frau wechselt zwischen Ruhe und Panik. Sie möchte ihn verletzen und bestrafen; sie verabscheut ihn; und sie liebt ihn mehr denn je. Eine Freundin rät ihr, geduldig zu sein, denn die Zeit arbeite gegen die Geliebte; sie solle verständnisvoll, fröhlich und vor allem freundlich zu ihrem Mann sein.

Aber Geduld gehört nicht zu den Stärken der Frau. Sie rechnet genau nach, wieviel Zeit ihr Mann mit ihr und mit seiner Geliebten verbringt. Sie ruft ihn im Büro an, um ihn zu kontrollieren, und sie wartet stundenlang vor der Wohnung der Geliebten, in der Hoffnung, die beiden zusammen zu sehen, so daß sie aus dem Verhalten ihre Mannes erkennen kann, wie stark seine Gefühle für seine Geliebte sind. Sie hat Angst vor der Gewißheit — und gleichzeitig sucht sie verzweifelt danach. Ihr ganzes vergangenes Leben ist in sich zusammengefallen, wie Land, das von einem Erdbeben verschluckt wird. Sie hat Alpträume und fühlt sich jeden Morgen vollkommen erschöpft. Warum liebt er sie nicht mehr? Oder warum hat er sie überhaupt jemals geliebt?

Aber nicht nur die Schriftsteller, sondern auch die Sozialwissenschaftler haben sich mit dem schmerzhaften Gefühl der Eifersucht befaßt.

Theorie und Forschung

FRAGE: *Was ist Eifersucht eigentlich?*

Eifersucht ist ein subjektiver Begriff und daher schwer zu definieren, aber sie ist eine Emotion, die fast jeder Mensch irgendwann einmal erlebt. Nach Meinung der Theoretiker sind die Grundkomponenten der Eifersucht 1. verletzter Stolz und 2. das Gefühl, daß die eigenen Besitzerrechte verletzt worden sind.

Viele berühmte Wissenschaftler, wie z. B. Sigmund Freud, Otto Fenichel und die Anthropologin Margaret Mead vertreten die Ansicht, daß die Eifersucht kaum mehr als verletzter Stolz sei. Margaret Mead sagt, daß man für die Eifersucht umso anfälliger ist, je schwächer die Selbstachtung ist: ›Die Eifersucht ist kein Barometer, an dem man die Tiefe einer Liebe ablesen kann. Sie registriert lediglich die Unsicherheit des Liebenden ... Sie ist ein negativer, unglücklicher Gemütszustand, der seinen Ursprung in einem Gefühl der Unsicherheit und Minderwertigkeit hat.‹

Andere Wissenschaftler vertreten den Standpunkt, daß die Eifersucht kaum mehr als die Angst vor einem Eigentumsverlust ist. Der Soziologe Kingsley Davis gab 1936 die folgende faszinierende Analyse der Eifersucht:

> In bezug auf sein Eigentum ist der Mensch also zwei Gefahren ausgesetzt. Die erste ist, daß jemand ihn im legitimen Wettkampf übertrumpft. Das ist die Gefahr des überlegenen Rivalen. Die zweite ist, daß jemand ihm illegitim bereits erworbenes Eigentum wegnimmt. Das ist die Gefahr des unbefugten Übergriffs . . .
>
> Die meisten negativen Emotionen befassen sich mit diesen beiden Gefahren und richten sich entweder gegen einen Rivalen oder Besitzstörer oder gegen jemanden, der einem Rivalen oder Besitzstörer hilft . . . Im allgemeinen werden die Furcht vor oder der Haß gegen Rivalen durch die Erziehung unterdrückt und die Furcht vor oder der Haß gegen Besitzstörer ermutigt.
>
> . . . Unsere negativen Emotionen — Angst, Zorn, Haß und Eifersucht — werden durch jeden illegitimen Versuch, unseren Besitz zu schmälern, aktiviert.

FRAGE: *Reagieren Männer und Frauen unterschiedlich, wenn sie eifersüchtig sind?*

Die Psychologen L. G. Smith und G. Clanton beschreiben sogar beträchtliche Unterschiede: ›Männer neigen mehr dazu, *abzuleugnen,* daß sie eifersüchtig sind, Frauen neigen mehr dazu, es *zuzugeben*. Bei Männern kommt es häufiger vor, daß sich ihre Eifersucht in Wutanfällen oder sogar in Gewalttätigkeit ausdrückt, aber auf solche Ausbrüche folgt meist ein Zustand der Niedergeschlagenheit. Die Eifersucht des Mannes konzentriert sich mehr auf die körperliche Untreue der Partnerin, und er verlangt oft einen genauen Bericht über die intimen Einzelheiten; die Eifersucht der Frau richtet sich eher gegen die seelische Untreue des Partners. Der Mann sucht die Ursache für seine Eifersucht vorwiegend in *äußerlichen* Bedingungen, also in der Partnerin, im Rivalen oder in den ›gegebenen Umständen‹. Die Frau sucht die Ursache eher in *inneren* Bedingungen; sie gibt sich selbst die Schuld. Der eifersüchtige Mann zeigt gegen den Rivalen ein *kompetitives* Verhalten, die eifersüchtige Frau zeigt eher ein *possessives* Verhalten. Sie neigt mehr dazu, sich an ihren Partner anzuklammern, als die Rivalin zu konfrontieren.‹

Der Psychologe Jeff Bryson hat durch umfassende Befragungen festgestellt, daß die Eifersucht im wesentlichen zwei Verhaltensformen bewirkt. Bei manchen Menschen besteht die Reaktion darin, daß sie ihr Ego schützen wollen, und das führt oft dazu, daß sie ihren Partner schlagen, ihn beschimpfen und versuchen, es ihm in gleicher Münze heimzuzahlen; andere dagegen versuchen, die gefährdete Beziehung zu festigen, indem sie ihr eigenes Verhalten korrigieren, mit dem Partner über die anstehenden Probleme sprechen und so weiter.

Außerdem reagieren Männer und Frauen sehr unterschiedlich, wenn sie glauben, Grund zur Eifersucht zu haben. Generell kann man sagen, daß die Männer in erster Linie darauf bedacht sind, ihr angeschlagenes Ego wieder aufzupolieren, während die Frauen lieber versuchen, die Beziehung zum Partner zu verbessern. Bryson nimmt an, daß dieser Unterschied auf der patriarchalischen Struktur der meisten Gesellschaften beruht: Der Mann hat das Recht, den ersten Schritt zur Herstellung einer Beziehung zu tun, und folglich kann er sich ohne weiteres eine neue Partnerin suchen, wenn es Schwierigkeiten gibt. Der Frau wird diese Freiheit nicht zugestanden, und deshalb bemüht sie sich, die Beziehung vor dem Scheitern zu bewahren.

FRAGE: *Kann man die Eifersucht unter Kontrolle halten?*

In diesem Punkt sind die Meinungen geteilt. Die ›Traditionalisten‹ stehen auf dem Standpunkt, daß die Ehe eine dauerhafte Institution mit dem Recht auf Ausschließlichkeit ist, und betrachten daher die Eifersucht als eine natürliche Emotion. Sie argumentieren, daß sogar Tiere eifersüchtig sind und zitieren Charles Darwin — ›sogar Insekten demonstrieren Zorn, Furcht, Eifersucht und Liebe‹ — oder Ewald Bohm, der die von Eifersucht geprägten ›Brautkämpfe‹ bei Hirschen, Antilopen, Wildschweinen, Ziegen, Robben, Känguruhs, Brüllaffen und anderen Tierarten beschreibt.

Die ›neuen Humanisten‹ sehen die Dinge anders. Sie behaupten, daß unser Privatleben befriedigender und unser Berufsleben schöpferischer und produktiver sein würde, wenn wir die Freiheit hätten, alle Menschen — oder zumindest eine große Gruppe von Menschen — lieben zu dürfen. Sie sind daher der Meinung, daß die Gesellschaft je nach Laune die Eifersucht anstacheln oder dämpfen kann.

Der Psychologe Ralph Hupka sagt, daß jede Kultur die Anlässe vorschreibt, die Eifersucht auslösen können. Die folgende fiktive Episode soll seinen Standpunkt verdeutlichen; sie spielt in einer Primitivgesellschaft, die aus rund hundert Mitgliedern besteht.

> Auf dem Rückweg vom Gemeindebrunnen wird eine verheiratete Frau von einem Dorfbewohner um einen Becher Wasser gebeten. Ihr Ehemann sieht von der Veranda des Wohnhauses aus, wie seine Frau dem Mann einen Becher Wasser gibt. Dann kommen die beiden ins Haus, und die drei verbringen einen gemütlichen Abend. Schließlich löscht der Ehemann die Lampe aus, und der Gast hat mit der Frau Geschlechtsverkehr. Am frühen Morgen geht der Ehemann weg, um Fische für das Frühstück zu fangen. Bei seiner Rückkehr entdeckt er, daß seine Frau und der Gast abermals miteinander schlafen. Er wird zornig und ersticht den Gast.
>
> An welchem Punkt dieser Geschichte kann man erwarten, daß im Ehemann die Eifersucht erwacht? Nun, das hängt

ganz davon ab, in welchem Kulturkreis sie sich abspielt. Ein kalifornischer Wald-Indianer des 19. Jahrhunderts forderte z. B. jeden Mann zum Zweikampf, der es wagte, seine Frau um einen Becher Wasser zu bitten. Bei den Ammassalik-Eskimos hingegen bot der Ehemann durch das kulturell sanktionierte Signal des ›Verlöschens der Lampe‹ dem Gast seine Frau an. Von einem guten Gastgeber wurde erwartet, daß er am Abend die Lampe auslöschte; das war für den Gast das Zeichen, mit der Ehefrau geschlechtlich zu verkehren. Der gleiche Ehemann raste jedoch vor Eifersucht, wenn seine Frau nicht nach der ›Spielregel‹ der verlöschten Lampe mit dem Gast schlief, oder wenn zwischen seiner Familie und der des Gasts kein Partnertausch vereinbart worden war. Es kam oft vor, daß der Ehemann dann den Gast tötete.

Ein Angehöriger des Büffelzüchterstamms der Toda in Südindien, bei dem um die Jahrhundertwende allgemein Polyandrie (Vielmännerei) herrschte ... hätte den oben geschilderten Ablauf der Ereignisse völlig normal gefunden. Es hätte den Ehemann nicht erzürnt, daß seine Frau am Morgen nochmals Geschlechtsverkehr mit dem Gast hatte — vorausgesetzt, er wäre ihr ›offizieller Liebhaber‹ gewesen. Bei den Todas war es nämlich gestattet, daß Ehemänner und Ehefrauen auch andere Geschlechtspartner hatten. Wenn z. B. ein Mann die Ehefrau eines anderen als Geliebte haben wollte, bat er die Betreffende und ihren Ehemann bzw. ihre Ehemänner um ihr Einverständnis. Dann wurde ein Jahresgeld ausgehandelt, das der Ehemann (oder die Ehemänner) erhielt. Die Frau lebte dann mit dem Mann zusammen, als ob sie mit ihm verheiratet sei, oder der Mann besuchte sie im Haus ihres Ehemannes bzw. ihrer Ehemänner.

Diese Beispiele zeigen, daß es die Kultur ist und nicht die Einzelperson, die bestimmt, wann eine Situation als bedrohlich empfunden wird und Eifersucht auslöst.

In den meisten Gesellschaften darf der Mann mehr als eine Partnerin haben. Die Psychologen Clellan Ford und Frank Beach haben das Brauchtum von 185 Gesellschaften untersucht und berichten, daß vierundachtzig Prozent davon dem Mann gestatten, mehrere Ehefrauen zu haben, hingegen wurde nur von einem Prozent dieser Gesellschaften der Frau das Recht auf mehr als einen Ehemann zugestanden. Die meisten Gesellschaften stehen dem ›Ehefrau-Verleih‹, dem ›Partnertausch‹ und dem außerehelichen Geschlechtsverkehr toleranter gegenüber, als es z. B. in der amerikanischen Gesellschaft der Fall ist.

Die neuen Humanisten weisen darauf hin, daß die amerikanische Gesellschaft traditionell die Dauerhaftigkeit und Ausschließlichkeit der Ehe sowie die Reaktion der Eifersucht begünstigt hat. Obwohl den amerikanischen Männern von ihrer Kultur vorgeschrieben wird, daß sie auf ihre Frauen eifersüchtig sein *sollten*, wird diese Regel keineswegs generell befolgt. Kinsey stellte fest, daß außereheliche Beziehungen der Ehefrau nur in 42 Prozent aller Fälle ›ernste Schwierigkeiten‹ verursachten; in ebenfalls 42 Prozent aller Fälle gab es keinerlei Probleme‹. Auf Grund dieser Ergebnisse vertritt Kinsey die Ansicht, daß wir uns ohne sonderliche Mühe dazu erziehen könnten, viel seltener eifersüchtig zu sein.

Und was sagt die Sozialpsychologie zu dieser Frage? Im ersten Kapitel haben wir festgestellt, daß sowohl der Geist als auch der Körper an der Entstehung einer Emotion spezifisch beteiligt sind. Wenn also eine Gesellschaft einen generellen Abbau der Eifersucht bewirken möchte, bieten sich für eine entsprechende Erziehung ihrer Mitglieder zwei Ausgangspunkte an:

Geist: Die Gesellschaft könnte versuchen, ihre Mitglieder zu einer Umbewertung ihrer Gefühle zu veranlassen.

Körper: Die Gesellschaft könnte versuchen, ein Klima zu schaffen, in dem die Erkenntnis, daß wir unseren ›Besitz‹ mit anderen teilen müssen, eine wesentlich gedämpftere physiologische Reaktion auslöst.

FRAGE: *Wie kann ich meine eifersüchtigen Gefühle unter Kontrolle halten?*

Bei manchen Menschen wird die Leidenschaft durch eine kleine eifersüchtige Aufwallung noch verstärkt. Bei anderen hingegen ist die Eifersucht eine unkontrollierbare, heftige Emotion, die ihnen viel Kummer und Leid bereitet. Vor kurzem haben einige Psychologen Beratungsstellen eingerichtet, in denen sie Anleitungen geben, wie man diese potentiell destruktive Emotion bewältigen kann. Die Therapie gliedert sich in drei Stufen.

Stufe Nr. 1: Versuchen Sie, den Anlaß für ihre Eifersucht genau festzustellen.

Meistens regen Sie sich ja über etwas ganz Bestimmtes auf: Ärgern Sie sich, weil sie mit einem anderen Mann zum Essen ausgeht? Oder haben Sie nichts dagegen? Liegt es daran, daß sie mit einem anderen Mann sexuelle Beziehungen hat? Oder stört Sie das auch nicht? Glauben Sie vielleicht, daß dieser andere sich einbildet, er sei ein besserer Liebhaber als Sie? Oder daß sie über seine Witze schallend lacht, über Ihre aber nur gezwungen lächelt? Ist es das? Na, da haben wir ja den wunden Punkt!

MISS PEACH by Mell Lazarus.
Courtesy of Mell Lazarus
and Field Newspaper Syndicate.

Die wichtigsten Schlüsselfragen sind:

- Was geschah unmittelbar bevor dieses Gefühl in Ihnen erwachte?
- Wovor haben Sie Angst? Was wird es Ihrer Meinung nach für Auswirkungen auf Sie haben, wenn Ihr Partner die andere Beziehung fortsetzt? Welche Auswirkung wird es auf den Partner haben?

Der Ehetherapeut Larry Constantine hat eine Liste von Situationen zusammengestellt, die oft eifersüchtige Gefühle auslösen. Erinnern Sie sich an das letzte Mal, als Sie selbst ein starkes Gefühl der Eifersucht verspürten. War einer der folgenden Gründe dafür verantwortlich?

- Das Gefühl, daß Sie nicht mehr ›Nummer Eins‹ sind — und daß die Umwelt darüber Bescheid weiß.
- Ein Gefühl der Unruhe, weil Sie nicht wissen, wie sich die Dinge weiterentwickeln werden.
- Ein Gefühl der Machtlosigkeit. Das Bewußtsein, daß Sie weder Ihren Partner noch Ihr eigenes Leben kontrollieren können.
- Das Gefühl, emotionell, sexuell oder intellektuell unbefriedigt zu sein.
- Das Gefühl, daß Ihr Privatleben gefährdet ist, daß Sie dem Partner gegenüber an Boden verloren haben, oder daß Sie für Ihren Partner nicht mehr der einzige sind.
- Das Bewußtsein, daß Ihr Partner Ihnen nicht so viel Zeit widmet, wie Sie es wünschen.

Der erste Schritt besteht also darin, daß Sie begreifen, was Sie fühlen und warum Sie so fühlen.

Stufe Nr. 2: Versuchen Sie, Ihre Eifersucht in die richtige Perspektive zu rücken.

Albert Ellis behauptet, daß die Eifersucht sowohl irrationale als auch rationale Komponenten hat: ›Wenn die Seitensprünge des Partners eine übersteigerte oder rasende Eifersucht erwecken, dann liegen diesem Gefühl die folgenden Gedankengänge zugrunde: ‚Ist es nicht *schrecklich,* daß er/sie sich für jemand anderen interessiert? *Das ertrage ich nicht!* Was bin ich doch für ein unfähiger Trottel, daß ich ihm/ihr so etwas durchgehen lasse! Und wie kann dieses undankbare Miststück mir so etwas antun‘?‹

Solche Gedanken verraten, daß der Grund für die seelischen Qualen zumindest teilweise in der kindischen Einstellung des Betroffenen liegt: Er strebt hartnäckig nach dem Unerreichbaren. Ist es wirklich so schrecklich, daß Ihr Partner für jemand anderen Interesse zeigt? Haben Sie selbst noch niemals den Wunsch verspürt, eine neue Beziehung anzuknüpfen? Können Sie es wirklich nicht ertragen? Oder versinken Sie einfach in Selbstmitleid, wenn nicht alles so läuft, wie Sie es wünschen? Niemand bekommt all das, was er haben will; es ist Ihre Sache, wie Sie reagieren, wenn Sie auf etwas verzichten müssen, denn jeder Mensch hat die Fähigkeit, irrationale Ideen aufzugeben.

Natürlich gibt es auch rationale Gründe für die Entstehung von eifersüchtigen Gefühlen. Wenn Ihr Partner jemand anderen bevorzugt, dann sagt das tatsächlich etwas über die Anziehungskraft Ihrer eigenen Persönlichkeit aus. Außerdem besteht immer die Gefahr, daß aus bloßem Interesse eine leidenschaftliche Liebe wird und Ihr Partner Sie eines Tages verläßt.

Es wird immer wieder Anlässe geben, die Ihre Eifersucht erregen. Sie können jedoch lernen, diese Gefühle unter Kontrolle zu halten, indem Sie sich dazu zwingen, jede Situation, auf die Sie mit Eifersucht reagieren, realistisch zu überdenken. Noch besser ist es, wenn es Ihnen gelingt, die betreffende Situation zu Ihren Gunsten zu ändern.

Stufe Nr. 3: Die Aushandlung eines ›Abkommens‹.

Sobald Sie den Grund für Ihre Eifersucht erkannt haben, können Sie und Ihr Partner mit ›Verhandlungen‹ beginnen, um ein Gleichgewicht zwischen Sicherheit und Freiheit zu finden, das für Sie beide akzeptabel ist. Nachstehend finden Sie ein paar Grundregeln, die sich in der Praxis als nützlich erwiesen haben, wenn Sie oder Ihr Partner nicht mehr nach den Gesetzen der Monogamie leben wollen. Einige dieser Richtlinien widersprechen einander, aber das liegt ganz einfach daran, daß die Bedürfnisse und Wertmaßstäbe von Paar zu Paar verschieden sind. Vielleicht können Sie anhand dieser Liste die Richtlinien entwikkeln, die für Sie und Ihren Partner am geeignetsten sind.

- Wenn es Zweifel gibt, ob die bestehende oder die neue Beziehung meinen oder deinen Bedürfnissen besser entspricht, soll die Entscheidung zugunsten der bestehenden Beziehung fallen.
- Laß dich mit niemandem emotional oder sexuell ein, ohne vorher mit mir darüber gesprochen zu haben.

- Tu was du willst, aber erzähle es mir nicht. Sorge dafür, daß die Kinder und die Nachbarn nichts merken.
- Außerehelicher Sex ist gestattet, aber seelische Bindungen sind tabu. Vermeide jeden Tiefgang.
- Nur wenn mir die andere Person sympathisch ist.
- Nur wenn ich die andere Person nicht kenne und auch nicht kennenlernen werde.
- Nur mit Unverheirateten.
- Nur mit Personen, die eine gute Ehe führen und ihrem Partner nichts verheimlichen.
- Nur wenn ich ebenfalls eine neue Beziehung angeknüpft habe.
- Wenn wir z. B. durch eine Reise getrennt sind, kann jeder tun, was er will.
- Nicht zu oft. (Genau festlegen.)
- Dienstag abend hat jeder von uns Ausgang und kann diese Zeit nach Belieben verbringen.
- Ich erkläre mich einverstanden, einen Monat zu warten, bevor ich mit X eine nähere Beziehung eingehe, damit wir die sich daraus ergebenden Folgen eingehend besprechen können.

Übrigens haben viele Eheberater festgestellt, daß es für manche Paare leichter ist, eine gute Liebesbeziehung — ohne Besitzansprüche — aufrechtzuerhalten, wenn jeder Partner seinen eigenen Freundes- und Interessenkreis hat. Natürlich ist man sich der eigenen Attraktivität viel sicherer, wenn man eine unabhängige Identität hat, beliebt ist und bewundert wird. Dann lebt man auch nicht ständig mit der Angst, vom Partner verlassen zu werden – und kann viel leichter damit fertig werden, wenn es doch so kommen sollte.

Einsamkeit

Die Einsamkeit ist ein quälender Zustand, der mit Angst, sozialer Isolation, Depressionen und Langeweile gekoppelt ist. Ein Mensch, der einsam ist, sehnt sich nach Liebe, und wenn diese Sehnsucht zu lange unerfüllt bleibt, kann sie sich in Haß verwandeln.

Die Einsamkeit ist genauso wie die Eifersucht ein Gefühl, das wohl die meisten von uns kennen. In einem Brief an uns hat eine Frau ihre seelische Verfassung wie folgt beschrieben:

> Meine Sehnsucht nach diesem Mann ist so stark, daß sie mir seelische und körperliche Schmerzen bereitet. Ich lasse alles stehen und liegen und vernachlässige sogar meine Freundinnen, nur um darauf zu warten, daß er kommt — immer vergeblich. Ich bin immer allein.
> Er meldet sich nur alle zwei Wochen. Meist ruft er mitten in der Nacht an, weil er mich unbedingt sehen will, und zwar gerade jetzt, in diesem Moment — um halb drei Uhr morgens. Natürlich bilde ich mir ein, daß er nach *mir* Sehnsucht hat, und mache mich sofort so hübsch wie möglich — und dann gibt er nur irgendeine nichtssagende Phrase von sich, z. B.: ›Toll siehst du aus!‹ Aber ich mag ihn so gern, und er sieht so gut aus, daß ich jedes Opfer für ihn bringen würde. Und dann mache ich mir klar, wie scheußlich er sich benimmt und wie rücksichtslos er ist, bis ich das Gefühl habe, verrückt zu werden.

Drei Psychologen von der Universität von Kalifornien haben die nachstehende Einsamkeitsskala entwickelt. Wie würden Sie auf diese Aussagen antworten?

Einsamkeitsskala

Kreuzen Sie die Aussagen an, die Ihrer Meinung nach auf Sie zutreffen.

O = Ich habe dieses Gefühl *oft*
M = Ich habe dieses Gefühl *manchmal*
S = Ich habe dieses Gefühl *selten*
N = Ich habe dieses Gefühl *nie*

1. Ich bin unglücklich, weil ich so viele Dinge allein tun muß	O	M	S	N
2. Ich habe niemanden, mit dem ich reden kann	O	M	S	N
3. Ich ertrage es nicht, so allein zu sein	O	M	S	N
4. Ich habe keine Freunde	O	M	S	N

5. Ich habe das Gefühl, daß mich niemand wirklich versteht	O	M	S	N
6. Ich warte immer darauf, daß mich jemand anruft oder mir schreibt	O	M	S	N
7. Ich habe niemanden, an den ich mich wenden kann	O	M	S	N
8. Ich habe zu niemandem eine enge Beziehung	O	M	S	N
9. Niemand teilt meine Interessen und Ideen	O	M	S	N
10. Ich fühle mich ausgeschlossen	O	M	S	N
11. Ich fühle mich völlig vereinsamt	O	M	S	N
12. Ich bin unfähig, von mir aus Kontakte zu meiner Umwelt herzustellen	O	M	S	N
13. Meine sozialen Beziehungen sind oberflächlicher Natur	O	M	S	N
14. Ich fühle mich ausgehungert nach Gesellschaft	O	M	S	N
15. Niemand kennt mich so, wie ich wirklich bin	O	M	S	N
16. Ich fühle mich isoliert	O	M	S	N
17. Es macht mich unglücklich, so abgesondert zu leben	O	M	S	N
18. Es fällt mir schwer, Freundschaften zu schließen	O	M	S	N
19. Ich habe das Gefühl, daß die anderen mich aus ihrem Kreis ausschließen	O	M	S	N
20. Niemand steht mir nahe	O	M	S	N

Einsamkeit tut weh. Kein Wunder, daß ein einsamer Mensch so viel Zeit damit verbringt, sich nach jemandem zu sehnen, der ihn liebt. Wenn er einmal eine bittersüße Liebesbeziehung hat — d. h. er verbringt kurze Stunden des Glücks mit einem Menschen, den er liebt, ist aber die meiste Zeit nach wie vor einsam —, dann trägt das oft nur dazu bei, daß seine Gefühle noch zwiespältiger sind. Er liebt den ›Gelegenheits-Partner‹, weil dieser ihm so viel gibt (und das ist ja schließlich alles, was er hat), aber er haßt ihn auch, weil das zu wenig ist. Die Kombination von Leidenschaft und Einsamkeit führt oft zu einer stürmisch aufwallenden Liebe.

FRAGE: *Ist es normal, daß Zorn, Feindseligkeit, Aggressivität und Streit die Leidenschaft anfachen statt sie zu ersticken?*

Viele Paare behaupten, daß das Beste an einem heftigen Streit die nachfolgende Versöhnung im Bett ist. Und immer wieder hört man Geschichten von Polizisten oder Soldaten, die unmittelbar nach einem blutigen Feuergefecht mit einer Frau ins Bett gehen, ohne sich auch nur die Zeit zu nehmen, das Blut abzuwaschen. Es ist eine erwiesene Tatsache, daß Zorn eine sexuelle Reaktion auslösen kann.

Einer der eindrucksvollsten Versuche auf diesem Gebiet wurde von dem Psychologen Arthur Barcley durchgeführt. Die Testpersonen waren Studenten und Studentinnen, die Verbindungen angehörten. Sie wurden in zwei Gruppen eingeteilt. Die eine Gruppe sollte ruhig und gelassen bleiben, die andere sollte zornig gemacht werden. Das besorgte Dr. Barclays Assistent. Die erste Gruppe behandelte er freundlich, der zweiten Gruppe gegenüber benahm er sich arrogant, überheblich und rechthaberisch. Er bedachte die Teilnehmer mit abschätzigen Bemerkungen über die Intelligenz und geistige Unabhängigkeit von Mitgliedern von Studentenvereinigungen, bis die jungen Leute vor Wut kochten.

Dann forderte Dr. Barclay die Testpersonen auf, vier Bildkarten zu betrachten und sich zu jedem Bild eine Geschichte auszudenken. Die Karten zeigten einen Chef und einen Arbeiter, eine Schachpartie, einen Lehrer und einen Schüler und ein Liebespaar. Auf zwei Bildern war ein kräftiger Mann zu sehen, der drohend vor einer verschüchterten Frau stand, auf den beiden anderen wurde ein eingeschüchterter Mann von einer herrschsüchtigen Frau tyrannisiert.

Barclay kam es nicht auf das schöpferische Denken der Studenten an, sondern auf ihre sexuelle Reaktion. Er ging davon aus, daß die erste Gruppe ruhig und gelassen bleiben und die zweite Gruppe emotionale und sexuelle Reaktionen zeigen würde. Diese Annahme bestätigte sich, und zwar auf zweierlei Art und Weise.

Beweis Nr. 1: Die physiologischen Reaktionen der Männer. Normalerweise ist die von der Prostata ausgeschüttete Menge Phosphatase ziemlich konstant; sie erhöht sich jedoch dramatisch, wenn der Mann sexuell erregt ist. Dr. Barclay konnte im Urin der zornigen Studenten einen wesentlich höheren Phosphatasegehalt nachweisen als in dem der ruhigen jungen Männer.

Beweis Nr. 2: Die Geschichten, die zu den einzelnen Bildern geschrieben worden waren. Sie hatten bei der zornigen Gruppe viel stärkere sexuelle Akzente als bei der ruhigen Gruppe, und zwar wurde die sexuelle Reaktion der Männer durch die Bilder von den herrschsüchtigen Frauen angefacht, die der Frauen durch die Bilder von den drohenden Männern.

Für Schriftsteller und Sozialwissenschaftler ist die Vergesellschaftung von Aggressivität und Sex bei Menschen und Tieren nichts Neues. Zorn und Aggressivität gehen dem Geschlechtsverkehr oft voraus oder begleiten ihn. Sigmund Freud behauptete, daß diese Verbindung sich in den Frühtagen der Menschheit formte: Nur die aggressivsten und stärksten Männer hatten eine Chance, Partnerinnen zu erobern, und so entstand die Verkettung von Aggressivität und Sexualität. Freud sagte ferner, daß Sadismus und Masochismus auch in unserer Zeit oft die Sexualität stimulieren — eine Beobachtung, die durch die moderne Forschung bestätigt worden ist.

FRAGE: *Ist Sadomasochismus eigentlich normal?*

In dem folgenden Interview berichtet ein Mann aus New York über seine eigenen sadomasochistischen Erfahrungen und über die seiner Freunde:

> *Jeder Mensch* hat sadomasochistische Neigungen. Der einzige Unterschied zwischen uns und dem Mann auf der Straße ist, daß wir den Mut haben, unsere Phantasien darzustellen. Und genau das ist der Sadomasochismus eigentlich —Theater.

Bei Peter genügt schon ein ganz leichter Zustand der Versklavung, um seine Lustgefühle zu erwecken. Als er jung war, hatte er erotisch stimulierende Träume über Frauen, die mit hohen, nadeldünnen Absätzen brutal auf ihm herumtraten. Jetzt sind es Männer — kräftige Bauarbeiter oder gewalttätig aussehende, schmuddelige Motorradfahrer, die ihn anreizen. Peter genießt leichte körperliche Demütigungen, aber er hat große Angst vor körperlichen Qualen. Das Bewußtsein, daß diese Muskelprotze ihn zu Brei schlagen könnten, facht seine Erregung sicherlich an.

Andere meiner Freunde gehen die Sache etwas ernsthafter an. Sie lassen sich gern Klistiere geben oder verabfolgen sie anderen. Ein Einlauf bewirkt immer Stuhlzwang, und wenn man das Darmrohr weit hinaufschiebt, tut es auch weh. Manchmal wälzen sie sich in Schlamm oder Öl herum.

Die Grundbedingung bei Sadomasochismus ist das Einverständnis. Ich glaube, deshalb gibt es viel weniger Sadisten als Masochisten. Man stellt sich immer vor, daß der Sadist die Kontrolle hat und sein hilfloses Opfer seinem Willen unterjocht. Aber das stimmt nicht.

In Wirklichkeit hat der Masochist die Kontrolle. Es sind seine Phantasien, die verwirklicht werden. Worauf es beim Sadomasochismus ankommt, ist, daß man sein Leben in die Hände einer gefährlichen Person gibt und überlebt; daß man dieser Person vertraut, die schrecklichen Dinge auszuführen, die sie versprochen hat — und nichts weiter als das.

Die Autorin Nancy Friday fand heraus, daß auch bei den Frauen sadomasochistische Phantasien weit verbreitet sind. So berichtete eine der Befragten, daß sie sich vorstellt, wie ihre Arme und Beine von brutalen Männern in entgegengesetzte Richtungen gezerrt werden, bis sie aufs äußerste gespreizt sind, und daß dann ein riesiger Penis, der zu keinem Körper gehört, in sie eindringt. Sie kann förmlich hören, wie die Schleimhaut ihrer Vagina zerreißt, wie ihre Knochen unter den harten Fäusten der Männer krachen. Sie sagt sich zwar, daß diese Träume pervers sind, aber sie genießt sie. Sie findet es scheußlich, was ihr in ihrer Phantasie angetan wird, aber es ist untrennbar mit dem wirklichen Lustgefühl verbunden.

Aber ist Sadomasochismus normal? Das hängt ganz davon ab, was man unter ›normal‹ versteht.

R. H. Suinn gibt z. B. eine sehr enge Definition: ›Unter sexueller Perversität versteht man Verhaltensformen, bei denen die sexuelle Befriedigung durch andere Methoden als durch den Koitus mit einem erwachsenen und gesetzlich mündigen Vertreter des anderen Geschlechts erreicht wird.‹ Demnach wären so allgemein praktizierte Aktivitäten wie Masturbation, Fellatio oder Cunnilingus ›anomal‹.

Im Gegensatz dazu sagen die Psychologen D. und A. Byrne: ›Unter anomal versteht man jedes Sexualverhalten, das seelische Pein oder unerwünschte körperliche Qualen verursacht. Jede sexuelle Aktivität ist normal, wenn beide Partner sich ihres Verhaltens bewußt sind und sich freiwillig daran beteiligen, und wenn der Geschlechtsakt beiden Genuß bringt . . . Wenn es jemandem Genuß bereitet, den Sklaven zu spielen, Sadismus, Gruppensex oder Homosexualität zu praktizieren, zu masturbieren, Kleidung des anderen Geschlechts zu tragen, als Prostituierte zu arbeiten oder zu Prostituierten zu gehen, irgendeinen Fetisch zu benützen oder in der Missionarsposition heterosexuellen Geschlechtsverkehr zu haben, dann verhält er oder sie sich normal, solange alle Bedingungen der Definition erfüllt werden.‹

Ob eine geschlechtliche Aktivität als normal oder anomal bezeichnet werden kann, hängt also ganz von den Gründen für ihre Ausführung, von den dadurch erregten Gefühlen und von ihrem Ergebnis ab.

Gemischte Gefühle

FRAGE: *Kann man jemanden gleichzeitig lieben und hassen?*

Diese Frage hat Theodor Reik schon vor dreißig Jahren untersucht. Er sagte, daß viele Menschen ein drückendes Schuldbewußtsein verspüren, wenn ihnen klar wird, mit welch ›unnormaler Intensität‹ sie die Personen hassen, die sie lieben.

Diese Aussage gilt sowohl für Menschen als auch für Tiere. Ein Verhaltensforscher machte einen entsprechenden Versuch mit Welpen. Die erste Gruppe behandelte er stets liebevoll und freundlich, die Hunde der zweiten Gruppe wurden jedesmal bestraft, wenn sie es wagten, sich ihm zu nähern, und die Hunde der dritten Gruppe wurden ganz willkürlich behandelt: Mal wurden sie gestreichelt, mal wurden sie ohne Grund bestraft. Das Ergebnis dieses Versuchs war überraschend: Ausgerechnet die Hunde der dritten Gruppe zeigten sich ihrem Trainer gegenüber am anhänglichsten.

Zahlreiche andere Untersuchungen in dieser Richtung bestätigen, daß ein Gefühlszwiespalt die Leidenschaft sehr wirkungsvoll schürt. Gleichmäßigkeit bewirkt nur schwache emotionale Reaktionen — es ist die Unbeständigkeit, der Widerspruch, der unsere Gefühle erregt. Wenn ein Mensch uns immer Liebe und Achtung erweist, dann nehmen wir das allmählich als selbstverständlich hin, ohne viel Aufhebens zu machen. Wenn jemand uns immer kalt und abweisend behandelt, dann nehmen wir seine Kritik gar nicht mehr zur Kenntnis, denn wir wissen ja, was wir zu erwarten haben.

Wir würden jedoch sofort aufmerksam werden, wenn ein alter Freund uns plötzlich mit Verachtung straft, oder wenn ein langjähriger Feind uns auf einmal mit Freundlichkeit überschüttet. ›Nanu, was ist denn mit dem los?‹ würden wir fragen.

FRAGE: *Es gibt Leute, die anscheinend immer den richtigen Partner finden — nur ich gerate immer an Liebhaber, die faszinierend, aufregend — und auf die Dauer unerträglich sind. Warum ist das so?*

Die innige Nachbarschaft von leidenschaftlicher Liebe einerseits und Wonne und Qualen andererseits ist kein Zufall. Man meint zwar immer, daß man jemanden *trotz* der Leiden liebt, die er einem zufügt, aber es ist durchaus möglich, daß man jemanden auch *wegen* des Kummers liebt, den er einem bereitet.

Die Entdeckung, daß die Liebe ausgezeichnet gedeiht, wenn sie nicht nur von vielen guten Erfahrungen, sondern auch von einer Prise beunruhigender, ärgerlicher oder sogar schmerzhafter Erfahrungen genährt wird, eröffnet interessante Folgerungen. Die wichtigste ist vielleicht, daß eine Liebesbeziehung sich dann am besten entwickelt, wenn beide Partner sich so geben, wie sie wirklich sind und nichts vortäuschen. Eine Liebesbeziehung sollte eine vollkommene emotionale Erfahrung sein, und dazu gehören nun einmal alle menschlichen Gefühle.

Natürlich ist immer eine gewisse Vorsicht angebracht. Im Anfangsstadium einer Liebesbeziehung, wenn wir mehr von der Hoffnung leben als auf dem Boden der Wirklichkeit, kann ein übertrieben kritischer Liebhaber, der nie mit dem Aussehen, der Intelligenz oder den ehrlichen Bemühungen des Partners zufrieden ist, oder ein überarbeiteter Ehemann, der nie zu Hause ist oder ›keine Zeit‹ hat, sich mit den Problemen seiner Frau zu befassen, oder der brutale, psychopathische Liebhaber, der seine Partnerin anbrüllt oder schlägt, vielleicht in uns die Überzeugung erwecken, daß ›dies Liebe sein muß, weil ich mich so unglücklich fühle‹.

Aber später flachen die Hoffnungen ab, und wir sind nicht mehr so duldsam. Wir erkennen, daß das, was wir für Liebe gehalten haben, besser ›Demütigung‹, ›Enttäuschung‹, ›Zorn‹, ›Wut‹ oder ›Haß‹ genannt werden sollte. Wenn Sie sich leidenschaftlich zu einem faszinierenden, aufregenden Partner hingezogen fühlen, der Ihnen das Leben zur Hölle macht, dann sollten Sie diesem Menschen aus dem Weg gehen. Es dauert nämlich nicht lange, bis eine solche Beziehung den Glanz der Leidenschaft und Aufregung verliert, und zurück bleiben nur Häßlichkeit und Leid.

6. Kapitel

Wie lange dauert eine leidenschaftliche Liebe?

Die Geschichte einer Liebesbeziehung ist die Tragödie ihres Kampfes gegen die Zeit.

Paul Geraldy,
›L'Amour‹

FRAGE: *Wie lange dauert die Liebe?*

Das Merkmal der leidenschaftlichen Liebe ist ihre Zerbrechlichkeit. Jeder Liebende hat stets die Hoffnung, daß *diese* Liebe ewig dauern wird. Aber wir anderen, die wir nur Zuschauer sind, wissen, wie unwahrscheinlich das ist. Warum ist die leidenschaftliche Liebe so kurzlebig? Nun, wir wissen, daß sowohl der Geist als auch der Körper an unseren emotionalen Reaktionen beteiligt sind. Körper und Geist ändern sich im Laufe der Zeit, und diese Veränderungen haben einen entscheidenden Einfluß auf unsere leidenschaftlichen Gefühle.

Meist sieht das Muster so aus: Jungverheiratete sind romantisch. Der Mann ist ungestüm, leidenschaftlich und zärtlich. Die Frau ist sanft, scheu und lieblich. Aber nach ein paar Jahren sieht alles anders aus. Der unternehmungslustige Bräutigam ist ein langweiliger, in Routine erstarrter Geschäftsmann geworden, der mit seiner Zeitung glücklicher ist als mit seiner Frau. Die liebliche, sanfte junge Frau hat sich in einen scharfzüngigen Hausdrachen verwandelt. Wir alle kennen dieses deprimierende Bild der Ehe und akzeptieren es bis zu einem gewissen Grad als der Wahrheit entsprechend. Man kann also sagen, daß einer der Gründe, der zum Erlöschen der leidenschaftlichen Liebe beiträgt, darin liegt, daß kein Mensch erwartet, dieses Gefühl sei von Dauer. Wenn jemand zynische Bemerkungen über die Liebe macht, trifft er nur selten auf Widerspruch, und langverheiratete Paare neigen eher dazu, durch ein trauriges Kopfnicken ihre Zustimmung kundzutun.

Den Einfluß, den der Körper auf das Dahinschwinden der Leidenschaft hat, beschreibt J. K. Folsom wie folgt:

> Im Laufe der Zeit ist die Liebe nicht mehr so aufregend, und zwar aus dem gleichen biologischen Grund, aus dem eine rasante Rodelabfahrt beim zweiten Mal nicht mehr so aufregend ist wie beim ersten Mal. Das Nachlassen der Aufregung kann jedoch die Empfindung des echten Genusses verstärken. Übergroße Aufregung ist praktisch dasselbe wie Angst und daher unerfreulich. Wenn die Aufregung aber unter einen bestimmten Punkt absinkt, wird auch der Genuß schwächer, es sei denn, daß man inzwischen andere Arten des Genusses gefunden hat.

Unsere stürmischen Gefühle flauen also im Lauf der Jahre ab. Wenn wir rückblickend die intensiv genußvollen und die intensiv schmerzhaften Erfahrungen untersuchen, die ursprünglich die Quelle der leidenschaftlichen Liebe waren, werden wir feststellen, daß all diese Erfahrungen inzwischen verblaßt sind.

Die Seligkeit der leidenschaftlichen Liebe

Liebe: Die Phantasie

Mit den Jahren muß selbst der überzeugteste Romantiker einsehen, daß seine schönen Phantasievorstellungen nicht wahr geworden sind und niemals wahr werden. Am Anfang einer Liebesbeziehung werden die Gefühle, die man dem Partner entgegenbringt, durch die Vision von den unendlich befriedigenden Erfahrungen, die man miteinander teilen wird, noch verstärkt. Aber sobald man längere Zeit zusammengelebt hat, werden die Gefühle durch die Belohnungen — und die Bestrafungen —, die man tatsächlich durch den Partner erfährt, gemäßigt.

Die Filmstars Faye Dunaway und Catherine Deneuve liebten den Menschen, der Marcello Mastroianni in ihren Augen zu sein schien. Als sie merkten, welch tiefe Kluft zwischen ihrem Phantasiebild und der Wirklichkeit lag, verließen sie ihn. Mastroianni äußerte sich in einem Interview dazu wie folgt:

Sie sagten zu mir: ›Ich verstehe dich so, wie du bist, so wie ich gelernt habe, dich zu begreifen — und du bist für mich nicht der richtige Partner. Du machst einen so netten und rücksichtsvollen Eindruck, aber in Wirklichkeit bis du ein ungeheuerlicher Egoist. Du änderst in deinem Privatleben nichts — deine Beziehungen zu deiner Frau, deinen Kindern, deinen Freunden — nichts. Dein Lächeln und deine unbekümmerte Art machen einen glauben, daß du für Änderungen aufgeschlossen bist. Statt dessen gelten für dich nur deine eigenen Spielregeln.‹ Ja, das haben sie gesagt, und es trifft weitgehend auf mich zu.

Liebe: Die Wirklichkeit

Der Mensch schätzt nur selten das, was er besitzt. Wie oft sind Sie dankbar für die Luft, die Sie atmen? Sie ist lebensnotwendig, wird aber als Selbstverständlichkeit hingenommen. Wir freuen uns nur dann darüber, daß unsere Bedürfnisse erfüllt werden, wenn dies in unregelmäßigen Zeitabständen geschieht. Das Gehalt am Monatsende ist eine Selbstverständlichkeit, ein gelegentlicher guter Nebenverdienst ist eine große Freude.

So ist es auch in der Liebe. Wenn wir einen Partner gefunden haben, der die Leere in unserem Leben ausfüllt, sind wir anfangs von leidenschaftlicher Dankbarkeit erfüllt. Im Laufe der Zeit nehmen wir aber sowohl den Spender als auch seine Gabe als selbstverständlich hin.

Diese Tatsache hat einen großen Einfluß auf unsere partnerschaftlichen Beziehungen. Ein Ehemann, dessen Frau immer liebevoll ist, ihn mit interessanten Geschichten unterhält und eine makellose Hausfrau ist, betrachtet diese Vorzüge allmählich als etwas Selbstverständliches. Genauso verhält sich eine Ehefrau, deren Mann immer zuverlässig, loyal, hilfsbereit, höflich usw. ist. Sie sind sich nicht mehr bewußt, wie wertvoll der Beitrag ist, den der Partner zu ihrem Leben leistet. (Falls der Partner sein Verhalten plötzlich drastisch ändern würde, dann würden sie das natürlich merken — und zornig werden.)

Nur die Dinge, die wir uns inbrünstig wünschen, aber nicht bekommen können, erwecken unsere nimmermüde Aufmerksamkeit. Selbst Menschen, denen nichts abgeht, haben Wunschträume, wie glücklich sie immerdar sein würden, wenn sie irgend etwas hätten, das sie nicht haben. Der Ehemann ist vielleicht unzufrieden, weil seine ausgeglichene und tüchtige Frau auch im Bett immer beherrscht ist; aber im Bett hätte er lieber eine aufregende, leidenschaftliche Partnerin. Die Ehefrau hingegen denkt, daß sie manchmal lieber mit einem Dichter als mit einem zuverlässigen Geschäftsmann verheiratet wäre.

Wenn ein solcher Mensch plötzlich jemandem begegnet, von dem er sich die Erfüllung von wichtigen, bisher ungestillten Bedürfnissen verspricht, werden sehr starke Gefühle in ihm wach, die den Treibstoff für neue leidenschaftliche Erfahrungen liefern. Aber sobald der neue Liebhaber *diese* Bedürfnisse gleichbleibend erfüllt, regen sich neue Sehnsüchte, und die Suche nach dem ›vollkommenen‹ Partner beginnt von neuem.

Zwischen Scylla und Charybdis

Was wir uns wirklich wünschen, ist das Unerreichbare — eine vollkommene Mischung aus Sicherheit und Gefahr. Wir wünschen uns einen Menschen, der uns versteht, uns liebt und bis ins hohe Alter hinein immer zu uns hält. Gleichzeitig sehnen wir uns nach sexueller Aufregung, neuen Dingen und Gefahren. Und derjenige, der uns die richtige Mischung dieser beiden Komponenten bietet, gewinnt unsere Liebe.

Das Problem ist natürlich, daß diese Beziehung uns im Laufe der Zeit immer mehr Sicherheit und immer weniger Aufregung bietet, als wir erwartet haben. Frederick Raphael hat diese Situation in einem seiner Bücher sehr treffend beschrieben: Ein Mann und eine Frau, beide in ihren mittleren Jahren, sitzen sich schweigend und ohne jede Gefühlsregung gegenüber — und das in einem romantischen Gasthaus irgendwo in Frankreich. Ein lebensfrohes junges Mädchen, das die beiden beobachtet, fragt ihren Liebhaber: ›Was müssen das für Leute sein, die sich in einem Restaurant gegenübersitzen, ohne ein Wort miteinander zu wechseln?‹ ›Eheleute‹, antwortet ihr Freund. Das Problem dieses Ehepaares ist nicht Mangel an Liebe, sondern die Tatsache, daß jeder weiß, was der andere sagen würde.

Auch der Sex wird zur Routine, wenn man immer denselben Partner hat und der Geschlechtsakt keine neuen Anreize bietet. Diesen Zustand hat ein Autor einmal so beschrieben:

Unsere Leidenschaft ist natürlich nicht mehr so stark wie früher, als wir sonntags bis in den Nachmittag hinein im Bett lagen und uns bis zur Erschöpfung liebten. Wir lassen uns von der Lust nicht mehr überwältigen, und es gibt keine wilden Liebesspiele mehr, die im Grunde genommen unserem Wesen nicht entsprachen. Ich spiele nicht mehr das Raubtier, und sie hat nichts mehr von einer kleinen Vagabundin an sich. Die Zähne, früher Messer und Zangen, die zwicken und nagen konnten wie die von kleinen Katzen und Hunden, sind einfach wieder Zähne, die Zungen sind Zungen, die Glieder sind Glieder. Und wie wir alle wissen, muß es so sein.

Dieser Ansicht sind auch die Ärzte, die Männern in den mittleren Jahren nach einem Herzinfarkt routinemäßig von außerehelichen Beziehungen abraten, während sie den Geschlechtsverkehr mit der Ehefrau für unbedenklich halten. ›Selbstverständlich dürfen Sie Geschlechtsverkehr haben‹, sagte ein Arzt auf eine entsprechende Frage zu seinem Patienten, ›aber nur mit Ihrer Frau. Zuviel Aufregung ist für Sie schädlich.‹ Kürzlich wurden 34 Todesfälle von herzkranken Männern untersucht, die eine Folge von sexuellen Aktivitäten waren; 27 dieser Männer starben während eines außerehelichen Geschlechtsverkehrs oder unmittelbar danach.

Im Laufe der Zeit mäßigt sich die wilde Verzückung der Leidenschaft zu einem gewohnten Genuß.

Die Zeit vergeht

Mit dem Alter ändern sich die Wünsche, die der Mensch an das Leben stellt. Vieles von dem, was in unseren jungen Jahren das Ziel unserer Sehnsucht war, ist später bedeutungslos. Die Lebenskrisen, denen keiner von uns ausweichen kann, bewirken manchmal geradezu erstaunliche Veränderungen in unserer Einstellung.

Der Eintritt in das Erwachsenenalter (18 bis 20 Jahre)

Sehr junge Erwachsene glauben, daß sie fähig sind, alles zu erreichen, das ihnen vorschwebt. Nur sind sie sich nicht im klaren, welchen Weg sie wählen sollen. Was sie jedoch mit absoluter Sicherheit wissen, ist, was sie *nicht* werden wollen (z. B. ›Ich will kein langweiliger Geschäftsmann wie mein Vater werden‹ oder ›Ich will nicht so dick werden wie Mutter‹).

Der junge Erwachsene wird zwischen dem Bedürfnis nach Sicherheit und dem Wunsch, eine eigenständige Persönlichkeit zu werden und seine Fähigkeiten zu erproben, hin und her gerissen.

Die Zeit der Illusionen (20 bis 27 Jahre)

Anfang der Zwanzigerjahre trifft der junge Erwachsene die Entscheidung, wer er ist und was er sein will — zumindest in diesem Augenblick. Er glaubt, daß diese schwierigen Entscheidungen unwiderruflich sind, und deshalb ist es für ihn von größter Wichtigkeit zu beweisen, daß er die richtige, die einzig mögliche Wahl getroffen hat. Und wenn noch so viele Beweise für das Gegenteil sprechen — er lehnt sie kategorisch ab.

Auch das Bild des Menschen, den er liebt, entspricht nicht der Wirklichkeit, sondern ist überwiegend eine Illusion. Der junge Mann erfindet seine eigene, romantisierte Version von der Frau, die er liebt. Sie ist für ihn einfach alles und schlüpft je nach Bedürfnissen von einer Rolle in die andere: Sie ist die sorgende Mutter, das Kind, das seinen Schutz braucht, die Verführerin, an der er seine sexuelle Potenz beweisen kann; sie besänftigt seine Ängste und garantiert seine Unsterblichkeit, indem sie seinen Samen an die nächste Generation weitergibt. Die junge Frau hat ebenfalls Illusionen: Sie glaubt, daß in ihrem Mann Fähigkeiten stecken, die kein anderer Mensch erkennt, und daß sie der einzige Mensch ist, der ihn wirklich versteht.

Gerade der junge Mensch braucht Illusionen, denn sie verleihen den ersten Aufgaben, die er übernimmt, Aufregung und Intensität; sie sind für ihn eine Stütze, bis er soweit ist, sich seine eigenen Lebenserfahrungen zunutze machen zu können.

In den Zwanzigerjahren konzentriert sich der junge Mensch auf die Dinge, die er tun *sollte.* Die jungen Männer sind unternehmungslustig und ergreifen jede Chance, um voranzukommen und das Ziel, das sie sich gesetzt haben, zu erreichen. Sie glauben, daß der berufliche Erfolg sie unsterblich machen wird; sie vernachlässigen ihre Familien.

Für die junge Frau sind das die Jahre, in denen sie ihre Aufgabe darin sieht, auf die Bedürfnisse und Wünsche anderer Menschen einzugehen. Sie schenkt ihrem Mann grenzenlose Liebe und Unterstützung. Sie bewirtet seine Geschäftsfreunde, bringt delikate Mahlzeiten auf den Tisch und opfert sich für die Kinder auf. Sie glaubt, daß die Liebe sie unsterblich machen wird; sie vernachlässigt ihre eigene Entwicklung.

Aber mit dem Beginn des mittleren Lebensalters wendet sich das Blatt.

Der Blick schärft sich (27 bis 35 Jahre) und die Krise in der Mitte des Lebens (36 bis 45 Jahre)

In den Zwanzigerjahren ist der junge Mensch empfindlich und unsicher, weil er sich seiner Identität noch nicht bewußt ist, und deshalb wehrt er sich gegen die Vorstellung, daß seine Persönlichkeit vielleicht Aspekte hat, die er noch gar nicht kennt. Aber sobald er die Dreißig überschritten hat, wächst seine Selbstsicherheit. Er kann seine defensive Einstellung lockern und sich selbst eingestehen, daß es an der Zeit ist, ein paar Dinge zu ändern.

Jetzt hat er es satt, immer nur das zu tun, was er tun *sollte*, und er verspürt den dringenden Wunsch, das zu tun, was er tun *möchte*. Er erkennt, daß er viele Aspekte seiner Persönlichkeit rücksichtslos unterdrückt hat, indem er seine ganze Kraft nur auf eine bestimmte Lebensstruktur konzentriert hat.

Gegen Ende der Dreißigerjahre drängen ihn neue Erkenntnisse mit Macht auf die Krise in der Mitte des Lebens zu:

- Er muß endlich eine bisher nur vage vermutete Tatsache bewußt akzeptieren — nämlich daß jeder Mensch im Grunde genommen allein ist.
- Er macht die niederschmetternde Entdeckung, daß er anfängt, alt zu werden. Der Putz bröckelt aus der Fassade: Die Haare werden grau; der Busen wird schlaffer; bei jeder körperlichen Anstrengung wird der Atem kürzer; es ist zwecklos, den Bauch einzuziehen — die Fi-

gur hat ihre Straffheit verloren. All das erweckt ein dumpfes Schamgefühl.

- Er wird sich bewußt, daß ihm die Zeit wegläuft, daß er sich beeilen muß, um noch so viel wie möglich zu vollbringen, bevor es zu spät ist — wenn es nicht schon zu spät ist.

In diesem Alter erkennt der Mensch — und das gilt sowohl für den Mann als auch für die Frau —, daß er die erstrebten Ziele nicht erreicht hat. Er ist nicht Präsident der Bankzentrale geworden, sondern muß sich mit dem Posten des Filialleiters in einem Vorort begnügen. Auch das Familienleben ist nicht so ideal, wie er es sich erträumt hatte: Die Kinder gehen aus dem Haus und machen sich selbständig. Aber selbst wenn er in jeder Hinsicht Erfolg gehabt hat, steht er vor einem neuen Problem: Was kommt jetzt? Was geschieht jetzt, nachdem der Traum Wirklichkeit geworden ist? Wenn er nicht einen neuen Traum findet, der den alten ersetzt, werden seine Energie, sein Ehrgeiz und seine Lebensfreude immer schwächer werden.

In dieser Phase machen sich Verheiratete Gedanken über den Zustand ihrer Ehe. Viele Eheleute würden gern einen neuen Partner haben oder verspüren zumindest den Wunsch, den bisherigen Partner von Grund auf umzumodeln. Vielleicht hat der Mann, als er in den frühen Zwanzigerjahren heiratete, in seiner Frau einen Mutterersatz gesucht. Aber seine Bedürfnisse haben sich geändert, und jetzt hat er den Wunsch, daß seine Frau ihm auch Gefährtin wäre. ›Warum machst du nicht irgendeinen Kurs mit?‹ fragt er. Natürlich will er nicht, daß sie sich *zu sehr* für irgend etwas interessiert. Wenn sie plötzlich verkünden würde, daß sie Rechtsanwältin, Schauspielerin, Architektin oder Unternehmerin werden will, wäre er zweifellos alarmiert, denn das würde sein bisheriges Leben zu radikal verändern. Aber zumindest könnte sie irgend etwas Neues lernen. Vielleicht könnten sie aus der Stadt wegziehen und eine Farm kaufen. Oder sie könnten aus dem Vorort in die Stadt ziehen und wieder vieles gemeinsam unternehmen, z. B. Museumsbesuche und ähnliches.

Aber auch die Ehefrau steht vor Problemen: Sie ist der Ansicht, daß sie die vergangenen fünfzehn Jahre damit verbracht hat, die Wünsche ihres Mannes zu erfüllen; es wäre an der Zeit, daß er ihr auch mal ein paar kleine Opfer bringt. Aber er ist immer mit seinen eigenen Angelegenheiten beschäftigt, ein Egoist ... Sie fragt sich, ob sie es nicht anders hätte machen und sich statt für das Familienleben für eine berufliche

Karriere entscheiden sollen. Aber selbst wenn sie eine andere Wahl getroffen hätte, wäre ihr diese Krise nicht erspart geblieben.

Die Betriebswirtin Margaret Hennig, Professorin an der Harvard-Universität, hat die Lebensläufe von fünfundzwanzig Frauen in Spitzenpositionen untersucht und stellte eine geradezu erstaunliche Übereinstimmung fest. Jede dieser Managerinnen war das erstgeborene Kind und der ganze Stolz des Vaters gewesen, zu dem sie ein ausnehmend gutes Verhältnis hatten. In jedem Fall war es der Vater gewesen, der die Tochter ermutigte, ein unabhängiges Leben zu führen. Die Mütter gingen in der Betreuung der Familie auf und versuchten, auch ihre Töchter für diese Rolle zu erziehen. Aber die Töchter widersetzten sich. Sie empfanden sich nicht als Rivalin der Mutter, denn sie waren sich von klein auf der Liebe und Unterstützung des Vaters sicher.

Alle fünfundzwanzig Frauen studierten und suchten sich dann eine Stellung. Dort hatte jede von ihnen das Glück, einen Vorgesetzten zu finden, der sie anleitete, beriet und ihr weiterhalf. Diese Mentoren übernahmen die Vaterstelle: Sie liebten ihre Zöglinge, ermutigten und unterstützten sie. Wurde einer von ihnen befördert, rückte auch der Zögling in eine höhere Position auf. Zwischen Mentor und Zögling herrschte ein absolutes Vertrauensverhältnis.

Und dann war es soweit, daß die Frauen die Mitte der Dreißigerjahre erreicht hatten — und damit auch die Krise in der Mitte des Lebens. Sie erkannten, daß sie sich endgültig entscheiden mußten. Wollten sie weiterhin alles dem Beruf opfern? Wenn ja, dann mußten sie sich von der Rolle des Zöglings befreien und anfangen, selbständig Leistungen zu erbringen. Oder wollten sie die letzte Chance ergreifen und doch noch Ehefrau und Mutter werden?

Alle diese Frauen nahmen sich ein oder zwei Jahre Zeit, um mit sich selbst ins reine zu kommen. Sie arbeiteten zwar weiter, aber längst nicht mehr so angespannt. Sie kauften sich schicke Kleider und legten sich neue Frisuren zu. Sie nahmen wieder an gesellschaftlichen Aktivitäten teil und gaben sich auch wieder den Freuden der körperlichen Liebe hin. Ungefähr die Hälfte der Frauen heiratete während dieser Zeit einen ebenfalls berufstätigen Mann. Dabei spielten auch ihre mütterlichen Gefühle eine Rolle, denn alle Männer brachten Kinder mit in die Ehe. Eigene Kinder bekam keine dieser Frauen.

Die andere Hälfte der Frauen fand keinen passenden Ehepartner. Als die kritische Phase ihres Lebens begann, waren sie praktisch soziale Einsiedlerinnen. Aber die Tatsache, daß sie ledig blieben, bedeutete im

Grunde genommen nicht viel, denn auch diese Frauen hatten erkannt, daß es an der Zeit sei, ihr Leben durch neue Werte zu bereichern. Sie wurden aufgeschlossener, kontaktfreudiger und waren freiwillig bereit, nun selbst die Rolle des Mentors zu übernehmen.

Nach dieser kurzen Zeit der Besinnung widmeten sich alle Frauen wieder dem Ziel, leitende Stellungen in der Wirtschaft zu erreichen. Aber ihre Beziehungen zur Umwelt waren ehrlicher und spontaner geworden. Früher hatten sie sich selbst als ›zufrieden‹ oder ›belohnt‹ bezeichnet, jetzt fügten sie noch das Wort ›glücklich‹ hinzu.

Die Erneuerung

Die meisten Männer und Frauen finden mit dem Beginn der Fünfzigerjahre ihr seelisches Gleichgewicht wieder. Aber für diejenigen, die sich der Notwendigkeit einer veränderten Lebenseinstellung verschlossen haben, sieht es traurig aus. Der Beruf wird einfach zum Job. Ihre Kinder werden zu fremden Erwachsenen, ihre Ehepartner verlassen sie oder entfremden sich ihnen seelisch. Stillstand ist gleichbedeutend mit Tod.

Aber wenn sie sich in den Jahren, die man die Mitte des Lebens nennt, mit sich selbst auseinandergesetzt und einen neuen Sinn in ihrem Dasein gefunden haben, dann werden dies ihre schönsten Jahre sein. Ihr Leben wird von mehr Wärme und Freundlichkeit erfüllt sein.

Das Sexualverhalten

Jeder Mensch macht auf dem Weg von der Jugend zum Alter tiefgreifende Veränderungen durch. Kein Wunder, daß der Liebespartner, der anfangs alle Hoffnungen zu erfüllen schien, sich später vielleicht als Enttäuschung herausstellt. Und dann fragt man sich: ›Wie konnte ich nur in so etwas hineingeraten?‹ Aber das sind nicht die einzigen Veränderungen.

Alfred Kinsey hat als erster nachgewiesen, daß die sexuelle Entwicklung bei Mann und Frau sehr verschieden verläuft. Im Alter von achtzehn Jahren ist der männliche Sexualtrieb viel stärker ausgeprägt als der weibliche. Männlichen Halbwüchsigen wird oft die doppelte Botschaft eingeimpft: ›Keine sexuellen Experimente!‹ und ›Ein richtiger Junge hört nicht auf das, was andere sagen.‹ Die Folge davon ist, daß die meisten Jungen schon ziemlich früh mit der Erforschung der Sexualität beginnen. Kinsey berichtet, daß die Mehrzahl der Jungen schon mit fünfzehn Jahren anfängt zu masturbieren.

Der Frau gibt die Gesellschaft eine ganz andere Botschaft auf den Weg mit: ›Tu es nicht!‹ Diese immer wieder gepredigte Vorschrift bewirkt, daß die Frau erst später sexuell aktiv wird. Die meisten Frauen wagen es erst gegen Ende der Dreißigerjahre, erstmals zu masturbieren. Das Muster ihrer sexuellen Aktivität verläuft wesentlich anders als das des Mannes.

Da die sexuelle Aktivität und die Möglichkeiten für ihre Ausübung von den Gelegenheiten abhängen, entwickelte Kinsey einen sehr einfachen Maßstab: Er befragte die männlichen und weiblichen Testpersonen, wie oft sie in einer normalen Woche zum Orgasmus kamen, gleichgültig ob sie den Höhepunkt durch sexuelle Träume, Liebkosungen, Masturbation, Geschlechtsverkehr, homosexuelle Erlebnisse oder durch Kontakte mit Tieren erreichten.

Das Ergebnis der Befragung zeigte, daß der Mann zwischen dem sechzehnten und dem dreißigsten Lebensjahr sexuell am aktivsten ist. Die allgemein verbreitete Vorstellung, daß der männliche Sexualtrieb während der Reifezeit (vom vierzehnten bis zum fünfundzwanzigsten Lebensjahr) erwacht, in den sogenannten ›besten Jahren‹ am stärksten ist und dann langsam abnimmt, ist also eindeutig falsch. Der Geschlechtstrieb ist schon beim Fünfzehnjährigen voll ausgeprägt.

Beim Halbwüchsigen kommt die Erektion innerhalb von Sekunden zustande und kann durch den geringfügigsten Anlaß bewirkt werden. Wenn der Mann älter wird, dauert es manchmal mehrere Minuten, bis die Erektion erreicht ist, was viele Männer zu der Furcht verleitet, daß sie ihre Virilität (Manneskraft) verlieren. Mit dem Beginn des vierten Lebensjahrzehnts nimmt die sexuelle Aktivität des Mannes stetig ab. William Masters und Virginia Johnson berichten, daß in den USA fünfundzwanzig Prozent der Männer mit fünfundsechzig Jahren und fünfzig Prozent der Männer mit fünfundsiebzig Jahren impotent sind.

Bei der Frau verläuft die Entwicklung ganz anders. Mit fünfzehn Jahren ist sie sexuell so gut wie inaktiv. Sie hat ungefähr alle drei Wochen einen Orgasmus. Zwischen dem siebzehnten und dem einundzwanzigsten Lebensjahr wirft sie allmählich ihre Hemmungen ab und beginnt,

Freude am Sex zu haben. Dieser Zustand bleibt volle zehn Jahre unverändert bestehen, und erst gegen Ende der Vierzigerjahre wird die sexuelle Aktivität der Frau schwächer.

Laut Kinsey wurzeln viele Ehekonflikte in der Tatsache, daß der Mann in seinen jüngeren Jahren sexuell am aktivsten ist, während die Frau sich dann noch nicht völlig von den erworbenen Hemmungen befreit hat, die sie daran hindern, sich dem Geschlechtsgenuß ungescheut hinzugeben. Aber mit den Jahren werden die Frauen freier, und ihr Interesse an sexuellen Aktivitäten bleibt bis in die Fünfzigerjahre oder sogar noch länger wach. In dieser Zeit ist jedoch der Geschlechtstrieb des Mannes vielleicht schon so abgeflaut, daß er nur noch ein geringes Interesse am Koitus — und speziell mit einer Frau, die sich früher über die Häufigkeit seiner Forderungen beklagte — hat.

Der Verlauf der sexuellen Muster bei Mann und Frau erklärt die Verschiedenheit ihrer sexuellen Reaktionen.

Die Schmerzen der leidenschaftlichen Liebe

Wir wissen jetzt, daß eine Zumischung von Angst und Furcht, Frustration, Eifersucht oder Zorn unsere leidenschaftlichen Gefühle verstärken kann. Aber welchen Einfluß hat die dämpfende Wirkung der Zeit auf diese Gefühle? Nun, mit den Jahren scheinen sich all die überwältigenden und aufwühlenden Emotionen — genauso wie das berauschende Glücksgefühl — von selbst ›totzulaufen‹. Viele Menschen haben uns über ihre ›bittersüßen‹ Erfahrungen mit der Liebe geschrieben, und wir wollten wissen, was aus diesen stürmischen Beziehungen geworden ist. Deshalb sind wir einigen dieser Schicksale nachgegangen und fragten ein oder zwei Jahre später bei den Betreffenden an, wie die Dinge jetzt stünden.

Angst und Furcht

Im fünften Kapitel berichteten wir über einen Vertreter, dem jedes Treffen mit der Frau seiner Träume seelische Qualen bereitete. Er hatte Angst, während ihrer flüchtigen Begegnungen etwas Falsches zu sagen oder zu tun. Aber endlich kam doch ein persönlicher Kontakt zustande. Nun, die weitere Entwicklung war weder so wundervoll noch so nervenzerfetzend, wie er es erwartet hatte:

> Und dann geschah etwas Schreckliches: Wir wurden Freunde. Wir spielten beide gern Racketball, eine Weile trafen wir uns jeden Donnerstagabend. Zuerst war es wunderbar. Unser Spiel war immer mit Erotik aufgeladen — ich streifte sie, und ihre Haut war so warm, so aufregend glänzend und feucht, daß ich mich kaum auf das Spiel konzentrieren konnte. Meine Gedanken schweiften immer wieder in erotische Wunschvorstellungen ab.
> Nach dem Spiel pflegten wir zusammen einen Drink zu nehmen und uns zu unterhalten. Eines Abends ertappte ich mich plötzlich dabei, daß ich, statt Helene zuzuhören, überlegte, ob ich noch saubere Socken für morgen hatte. Ich langweilte mich! Während Helene mit mir sprach! Das war das Ende meiner Sehnsucht. Aber wir sind gute Freunde geblieben.

Sexuelle Frustration

In Übereinstimmung mit Freud haben Pfarrer, Jugendberater und Eltern immer wieder den Versuch unternommen, den Jugendlichen klarzumachen, daß die sexuelle Frustration der Nährboden für romantische Gefühle ist. Wenn die Sexualität keinen Einschränkungen unterliegen würde, dann würde kein Mann und keine Frau mehr das Bedürfnis verspüren, einen Angehörigen des anderen Geschlechts zu idealisieren.

Im viktorianischen Zeitalter lag die sich daraus ergebende Folgerung klar auf der Hand. Die moderne Frau ist nicht mehr so unkritisch und von der Richtigkeit dieser Vorschrift keineswegs mehr überzeugt, wie der folgende Brief beweist:

> Als ich Jim zum ersten Mal sah, sagte ich mir: Der oder keiner. Er war geradezu das Idealbild eines Mannes: Gutaussehend, unglaublich ehrgeizig und ein Meister im Ausstechen von Konkurrenten. Es machte ihm Spaß, die geheim-

sten Wünsche anderer Männer herauszufinden und ihnen dann zu zeigen, daß er ihnen die Beute mühelos abjagen konnte. Ich fand ihn einfach unwiderstehlich. Meine Mutter warnte mich davor, Jim zu erhören. Sie sagte: ›Sobald ein Mann das bekommt, was er haben will, verfliegt die Liebe.‹ Ich hielt mich daran und gewann den Kampf: Wir heirateten. Das Problem ist natürlich, daß man nur einmal Jungfrau ist. Mutter hatte recht gehabt. Nach der Hochzeitsnacht war die Liebe tatsächlich verschwunden. Und was soll ich jetzt tun?

Eine junge Mutter

Einmischung der Eltern

Zu diesem Thema schickte uns eine heute sechzigjährige Frau den folgenden Brief:

Bevor wir heirateten, haßte meine Mutter Karl. Sie tat alles, um uns auseinanderzubringen. Ich glaube, sie war hauptsächlich gegen ihn, weil er kein Katholik war. Aber es gab noch andere Dinge, z. B. daß er sein Haar pomadisierte, was auf den Lehnen der Polstermöbel dunkle Stellen hinterließ.

Und sie hielt ihn auch für einen wilden Typ. Er hatte ein Auto, und das war damals etwas ganz Ungewöhnliches. Wenn er an unserem Haus vorbeifuhr, hupte er — und die Hupe spielte die ersten Takte eines Gassenhauers. Einerseits war mir das peinlich, andererseits gefiel es mir.

Mutter versuchte unablässig, unsere Beziehung zu zerstören. Wenn ich nach elf Uhr nach Hause kam, war die Haustür versperrt. Wir mußten also klopfen, und dann steckte sie den Kopf aus dem Fenster und beschimpfte uns. Eines Abends brannten wir durch und heirateten.

Sofort war alles ganz anders. Sie fing an, mit ihm richtig zu flirten. Sie bat ihn, kleine Reparaturen im Haus zu verrichten. Sie ergriff bei jeder Gelegenheit für ihn Partei.

Unsere stürmischen Gefühle flauen im Lauf der Zeit ab. Sie werden ruhiger, die Leidenschaft mäßigt sich. Natürlich wird eine länger bestehende Beziehung immer durch irgendwelche Zwischenfälle belebt (›Er will am Samstag abend nichts weiter tun, als vor dem Fernseher zu sitzen!‹), gelegentlich wird ein Partner auch mal eifersüchtig (›Du hast dich beim Tanzen ja reichlich eng an diesen Kerl angeschmiegt!‹), und es kann zu Spannungen kommen, wenn man entdeckt, daß der Partner nicht mehr so interessiert an einem ist, oder daß man selber das Interesse am Partner verliert. Solche an sich störenden Gefühle tragen dazu bei, einer Ehe ein bißchen Aufregung zu verleihen. Aber wenn sie stark sind, erwecken sie eher Haß, statt daß sie die Leidenschaft beleben.

Es kommt sehr selten vor, daß leidenschaftliche Gefühle die Zeit überdauern.

Das Ende der Affäre

FRAGE: *Was tun Liebende, wenn die Leidenschaft vergeht?*
ANTWORT: *In den meisten Fällen trennen sie sich.*

Die meisten leidenschaftlichen Affären enden einfach damit, daß die Partner jemanden finden, den sie mehr lieben. Gelegentlich geht es auch tragisch aus: Die große Leidenschaft verwandelt sich in Gefühlskonflikte oder Haß, und es dauert lange, bis solche heftigen Emotionen sich zu einer erträglichen Gleichgültigkeit abkühlen.

Vor einigen Jahren haben die Psychologen Zick Rubin, Anne Peplau und Charles T. Hill 231 Studentenpaare zwei Jahre lang beobachtet. Zu Beginn der Untersuchung waren die Partner seit durchschnittlich acht Monaten miteinander befreundet. Dreiviertel von ihnen gingen nur mit diesem einen Partner aus, aber nur zehn Prozent waren offiziell verlobt, und relativ wenige Paare hatten konkrete Pläne für eine spätere Ehe. Vier Fünftel der Paare hatten sexuelle Beziehungen, und ungefähr ein Fünftel lebte ›ständig oder die meiste Zeit‹ zusammen. Sechzig Prozent sahen sich täglich.

Zwei Jahre später waren nur noch 128 Paare zusammen. Die Gründe für die Trennung waren natürlich von Fall zu Fall verschieden, doch kann die Geschichte von Ruth und David als typisches Beispiel dienen.

David und Ruth hatten mehrere Jahre eine lose Beziehung zueinander. Obwohl David gefühlsmäßig weniger engagiert war als Ruth, war sie es, die die endgültige Trennung herbeiführte. Sie berichtete, daß er mehr und mehr Zeit mit seinen Freunden verbrachte, und das ärgerte sie.

Sie erinnerte sich besonders an einen Abend: ›Wir gingen zu einer Filmvorführung, die in einem der Wohnheime stattfand. Zuerst saß er neben mir, aber dann fing er plötzlich an herumzulaufen und sich mit anderen zu unterhalten, und ich lief ihm immer hinterher und kam mir vor wie seine kleine Schwester. Da wurde mir klar, daß es so nicht weitergehen konnte.‹ Sie sprach mit ihm darüber und auch über andere Probleme, und er sagte, es täte ihm leid, aber er änderte sein Verhalten nicht.

Kurz danach wollte Ruth einen Film in Cambridge sehen und fragte David, ob er mitkommen würde. Er erwiderte: ›Nein, in meinem Wohnheim findet eine Veranstaltung statt.‹ Das war der Tropfen, der daß Faß zum Überlaufen brachte. Ruth sagte David, daß sie mit ihm Schluß mache, und er begann zu weinen, als ob ihm die Beziehung wirklich etwas bedeutet hatte. Aber jetzt war es zu spät.

Als wir mit Ruth sprachen, hatte sie noch keinen neuen Freund gefunden, aber sie sagte, daß sie weder die Beziehung mit David noch die Trennung bereue: ›Es ist wahrscheinlich das Wichtigste, daß mir das mit meinen einundzwanzig Jahren passiert ist, und daher tut es mir nicht leid, daß ich diese Erfahrung gemacht habe. Aber nachdem ich so lange eine unterstützende Rolle gespielt habe, will ich jetzt jemanden, der mich ein bißchen unterstützt. Das ist das, worauf ich am meisten Wert lege. Ich glaube nicht, daß ich über David romantische Gefühle hatte — sie waren eher praktischer Natur. Ich hatte das Gefühl, daß ich diese

> Beziehung so intensiv wie möglich genießen sollte, weil sie nicht lange dauern würde.‹

Rubin stellte fest, daß nur sehr wenige Trennungen auf beiderseitigen Wunsch geschahen. Lediglich in fünfzehn Prozent aller Fälle hatten beide Partner gleichwertig den Wunsch, die Beziehung zu beenden.

Ein interessanter Aspekt ist, daß die Paare nur selten einer Meinung darüber waren, wie allmählich (oder abrupt) die Trennung zustande kam, oder wodurch sie verursacht wurde. Bei den Frauen rangierten zwischenmenschliche Probleme an erster Stelle, und sie konnten diese Konflikte exakt identifizieren: ›Wir hatten gegensätzliche Ansichten über die Ehe.‹ ›Unser Intelligenzniveau war zu verschieden.‹ ›Wir hatten zu wenige gemeinsame Interessen.‹ ›Ich wollte unabhängig bleiben.‹ ›Ich war an jemand anderem interessiert.‹ Die Männer sahen die Probleme nicht so klar und suchten sie eher in Äußerlichkeiten: ›Wir wohnten zu weit auseinander‹ und ähnliches.

Von der leidenschaftlichen zur kameradschaftlichen Liebe

Eine leidenschaftliche Beziehung muß nicht immer durch eine Trennung enden. Sie kann zur kameradschaftlichen Liebe reifen, ›zu der Zuneigung, die wir für Menschen empfinden, mit denen unser Leben aufs engste verwoben ist‹.

Theodor Reik sagt, daß sich die Flamme der Leidenschaft in ein ›sanftes Glühen‹ verwandeln kann:

> Eine neue Art des Zusammenseins, die nichts mit Romantik zu tun hat, aber nicht weniger wertvoll ist, kann zu einem Gefühl des Wohlbefindens und der Harmonie führen. Man idealisiert einander nicht mehr, und die Leidenschaft ist vergangen, aber die Atmosphäre ist klar und ruhig. Aus dem Liebespartner ist ein Freund geworden. Die stürmische Liebe ist durch die friedvolle Ruhe der zärtlichen Zuneigung ersetzt worden.

Zum Glück begreifen die meisten Ehepartner, daß sie im Grunde genommen einen Freund fürs Leben gesucht haben. Die Anthropologen sind der Meinung, daß die Leidenschaft in der Ehe eine wichtige Funktion ausübt. In einer jungen Ehe brauchen die Partner etwas — die Leidenschaft —, das sie aneinander bindet, während sie damit beschäftigt sind, die rauhen Ecken zu glätten, die es in jeder Beziehung gibt. Wenn die Leidenschaft dann verlöscht, tritt die kameradschaftliche Liebe an ihre Stelle — miteinander geteilte Emotionen, Erfahrungen und Gewohnheiten. Die leidenschaftliche Liebe ist wie eine zarte Blume, die im Laufe der Zeit verwelkt, die kameradschaftliche Liebe ist ein robustes Immergrün, dessen Lebenssaft der ständige Kontakt ist.

Diese Ansicht wurde durch wissenschaftliche Untersuchungen bestätigt. Eine Gruppe von Psychologen führte eine umfassende Studie durch, in der sowohl unverheiratete als auch verheiratete Paare im Frühstadium der Beziehung und einige Jahre später gefragt wurden. Am Anfang herrschte die romantische Liebe vor, aber in dem Maße, wie die Beziehung sich vertiefte, klang die ›Liebe‹, von der die Partner sprachen, immer weniger nach Leidenschaft und immer mehr nach Freundschaft und Kameradschaft.

Eine andere Untersuchung kam zu der gleichen Feststellung. Die Testpersonen waren jungverheiratete und langjährige Ehepaare. Sie wurden aufgefordert, die von Rubin ausgearbeitete ›Skala der leidenschaftlichen Liebe‹ und die ›Skala der kameradschaftlichen Liebe bzw. Sympathie‹ auszufüllen.

Das Ergebnis zeigte folgendes: Je länger ein Paar verheiratet war, desto stärker war die Leidenschaft abgeflaut:

Dauer der Ehe	Punktezahl auf der Skala der leidenschaftlichen Liebe
0 bis 3 Jahre	98,40
4 bis 6 Jahre	88,90
7 bis 9 Jahre	85,20
10 bis 17 Jahre	84,04

Im Gegensatz dazu blieb die Punktezahl auf der Skala der kameradschaftlichen Liebe für alle Gruppen unverändert hoch.

Die leidenschaftliche Liebe verliert den Kampf gegen die Zeit, die kameradschaftliche Liebe ist beständig. Der Wert eines Partners, der für uns nicht nur ein Liebhaber war, sondern gleichzeitig ein Freund, der unsere Selbstachtung stärkte, unsere Ideen und Interessen mit uns teilte, uns vor der Einsamkeit bewahrte, unsere Ängste besänftigte und uns half, das zu bekommen, was wir uns in den ersten Jahren der Beziehung wünschten, wird auch nach vielen Jahren immer noch geschätzt werden.

7. Kapitel

Die kameradschaftliche Liebe: Man bekommt nicht immer (oder niemals?) das, was man will

Ich sagte zu Gloria: ›Du wünschst dir immer Dinge, die du nicht hast.‹ Sie erwiderte: ›Was soll man sich denn sonst wünschen?‹

Buddy Ramsen

In unserer Gesellschaft stellt ein Heiratsantrag eher eine Aussage dar, in der ein Mann seine sozialen Attribute zusammenfaßt und einer Frau zu verstehen gibt, daß ihre nicht so viel besser sind, daß sie eine Fusion oder Partnerschaft in diesen Dingen ausschließen würden.

Erving Goffman

In den vergangenen Kapiteln haben wir uns mit den stürmischen Emotionen befaßt, die zu dem Gefühl beitragen, das wir leidenschaftliche Liebe nennen. Wir haben gelernt, daß die Flammen der Leidenschaft sowohl von genußvollen als auch von schmerzhaften Erfahrungen angefacht werden können, und daß diese Flammen sich allmählich selbst verzehren. Die kameradschaftliche Liebe ist anders. Sie ist ein stetig brennendes Feuer, das von erfreulichen Erfahrungen genährt und von schmerzhaften Erlebnissen zum Verlöschen gebracht werden kann.

Wenn wir leidenschaftlich verliebt sind, stürzen wir uns blindlings in eine Beziehung, ohne viele Gedanken an soziale Konventionen zu verschwenden oder uns zu überlegen, wie gut wir zu unserem Partner passen. Bei der kameradschaftlichen Liebe sind wir viel vorsichtiger. Dann suchen wir den vollkommenen Partner — obwohl wir wissen, daß wir uns vielleicht mit weniger begnügen müssen.

Wie soll die dauerhafte Beziehung aussehen, nach der sich die meisten von uns sehnen? Welche realistischen Erwartungen können wir an eine Beziehung stellen? Welche Opfer werden wir gegebenenfalls bringen müssen? Eine Reihe von Wissenschaftlern hat sich mit der Frage der kameradschaftlichen Liebe befaßt und sehr interessante Antworten gefunden.

FRAGE: *Was erwarten wir von unserem Liebespartner?*

Die meisten von uns glauben, daß die Erwartungen, die wir an unseren Liebespartner stellen, außerordentlich vernünftig, ja sogar bescheiden sind. Wenn eine Beziehung, die sich gut anließ, zerbricht, beklagen wir uns, daß das Leben uns unfair behandelt: ›Ich verlange doch so wenig. Ich will ja nur einen Menschen, der mich liebt — und nicht einmal das kann ich bekommen.‹ Aber wenn wir das sagen, lügen wir.

Sobald wir unsere Wünsche definieren, stellt sich heraus, daß das ›Wenige‹, das wir wollen, einen erstaunlich großen Umfang hat. Wir wünschen uns einen Partner, der gut aussieht, uns viel Zeit widmen kann, der erfolgreich, einfühlsam, intelligent und humorvoll ist — die Liste geht endlos weiter. In Wirklichkeit wollen wir den ›vollkommenen‹ Partner. ›Das stimmt nicht‹, werden Sie jetzt vielleicht sagen. ›So bin ich nicht. Ich bin ein warmherziger, offener und vernünftiger Mensch. Ich stelle keine unmöglichen Ansprüche.‹

Wirklich nicht? Machen Sie doch einmal das folgende interessante Experiment: Nehmen Sie im Laufe des morgigen Tages *alle* Leute, die Ihnen begegnen — im Bus, auf der Straße, beim Einkaufen und bei der Arbeit — etwas unter die Lupe. Zählen Sie, mit wie vielen der Männer bzw. Frauen sie gern eine Beziehung anknüpfen würden. Sie werden überrascht sein, *wie* wählerisch Sie sind!

Der Ausgangspunkt ist die Kultur, in der man lebt

Jede Kultur schreibt genau vor, wer als Partner für Freundschaft und Ehe geeignet ist, und wir beugen uns diesem Diktat, ohne uns dessen bewußt zu sein. In Gedanken prüfen wir sogar jeden potentiellen Partner, der uns begegnet, ob er unseren grundlegenden Forderungen entspricht. Die meisten von uns wünschen sich als Partner ein Mitglied des anderen Geschlechts, der zur gleichen Altersgruppe gehört. Er sollte uns in bezug auf Rasse, Religion und Erziehung gleichen und auch derselben sozio-ökonomischen Schicht angehören. Er sollte weder zu groß noch zu klein sein. Durch eine solche Grobauswahl wird schon eine beträchtliche Anzahl von Kandidaten ausgeschieden.

WOODY ALLENS INNENLEBEN

From INSIDE WOODY ALLEN, © 1977 King Features Syndicate, Inc.

Die Anforderungen nehmen kein Ende

Obwohl wir damit anfangen, daß wir einen ›kulturell akzeptablen‹ Partner suchen, erwarten wir in Wirklichkeit viel mehr. Unsere Forschungsgruppe hat mehrere Hundert unverheiratete Paare sowie jungverheiratete und langjährige Ehepaare befragt, was sie von der Beziehung zu ihrem Partner erwarten und was sie selbst dazu beisteuern würden.

Ein paar Antworten waren witzig, ein paar verrieten traurige Erfahrungen, aber die meisten enthielten nichts Außergewöhnliches. Viele Ehefrauen sagten, sie erwarteten von ihrem Mann eine angemessene Versorgung. Viele Ehemänner sagten, sie erwarteten, daß ihre Frau den Haushalt ordentlich führe und die Kinder gut erziehe. Andere erwarteten von ihrem Partner, daß er gut aussehe, erfolgreich, intelligent, rücksichtsvoll, ausgeglichen (oder gefühlsbetont), sexuell interessiert (oder noch andere Interessen außer Sex habe), ein praktizierender Christ oder ein Vegetarier sei und so weiter und so fort.

Zum Schluß hatten wir eine stattliche Liste von erwünschten Eigenschaften. Die Mehrzahl der Befragten stimmte jedoch darin überein, daß die folgenden Merkmale von ausschlaggebender Bedeutung seien. Prüfen Sie nach, welche Eigenschaften *Sie selbst* für besonders wichtig halten.

Persönlichkeit
in gesellschaftlicher Hinsicht
- Der Partner soll gesellig und freundlich sein und sich in Gesellschaft zwanglos benehmen können

Intellekt
- Er soll intelligent und gut informiert sein

Aussehen
- Er soll gut aussehen
- Er soll auf sein Äußeres und auf seine Gesundheit achten; er soll auf Kleidung, Sauberkeit und körperliche Fitness Wert legen und vernünftige Eßgewohnheiten haben

Gefühlsleben
Gernhaben und lieben
- Er soll seinen Partner gernhaben und das auch zeigen
- Er soll für seinen Partner Liebe empfinden und dieser Liebe Ausdruck geben

Verständnis und Anteilnahme
- Er soll die persönlichen Anliegen und die emotionalen Bedürfnisse des Partners kennen und darauf eingehen

Bejahende Einstellung
- Er soll die Flexibilität der Rollen bejahen und ermutigen; er soll dem Partner gestatten, ab und zu verschiedene Rollen zu übernehmen, also mal schutzbedürftig zu sein und mal mütterlich, Kollege oder Freund zu sein, als Liebespartner mal aggressiv und mal passiv zu sein usw.

Wertschätzung
- Er soll offen zeigen, wie sehr er das schätzt, was der Partner zur Beziehung beiträgt; er soll den Partner nicht als selbstverständlich hinnehmen

Zärtlichkeit
- Er soll seine zärtlichen Gefühle zeigen, indem er den Partner berührt, umarmt oder küßt

Sex
- Er soll dazu beitragen, daß der sexuelle Aspekt der Beziehung beiden Seiten Befriedigung und Erfüllung bringt
- Sexuelle Treue; er soll die Vereinbarungen einhalten, die im Hinblick auf außereheliche Beziehungen getroffen worden sind

Sicherheit/Freiheit
- Er soll sich seiner Verantwortung dem Partner gegenüber und im Hinblick auf die weitere Entwicklung der Beziehung bewußt sein
- Er soll das Bedürfnis des Partners, eine freie und unabhängige Person zu sein, respektieren. Er soll dem Partner das Recht auf freie Entfaltung der Persönlichkeit zugestehen. Dazu gehören z. B. die Weiterbildung, die Berufswahl, die Pflege von Interessen, gelegentliche Unternehmungen mit Freunden oder allein und das Recht, ein paar Stunden allein zu sein

Alltagsleben
Dienstleistungen
- Er soll seine häuslichen Pflichten erfüllen, also einkaufen, saubermachen, kochen, Auto waschen

Finanzen
- Er soll zum ›gemeinsamen Bankkonto‹ beisteuern

Verhalten
- Er soll ein Mensch sein, mit dem man im Alltag gut zusammenleben kann, d. h. er soll Humor haben, nicht allzu launisch sein, sich nicht zu oft betrinken usw.
- Er soll ein guter Gefährte sein und sowohl selbst Vorschläge für die Freizeitgestaltung machen als auch auf die Ideen des Partners eingehen
- Er soll dem Partner erzählen, was er tagsüber erlebt hat und was für Sorgen er hat; er soll mit Interesse zuhören, wenn der Partner ihm über seine Erlebnisse und Sorgen berichtet
- Er soll anpassungsfähig sein und sich um ein gutes Verhältnis zu den Verwandten und Freunden des Partners bemühen

Entscheidungen
- Er soll seinen Anteil an der Verantwortung für Entscheidungen tragen, die beide Partner betreffen

Die kleinen Sentimentalitäten
- Er soll sich an den Geburtstag des Partners, an den Hochzeitstag und an besondere Gedenktage erinnern

Aus all dem geht hervor, daß für die meisten von uns die Liebe allein nicht genügt. Wir wünschen — und erwarten sogar —, daß der Partner ein unrealistisches Maß an Vollkommenheit besitzt. Mit einem Wort: Unsere Erwartungen sind viel höher, als wir es selbst glauben.

Die Theorie der Billigkeit und die Liebe

FRAGE: *Was kann man realistischerweise von einer Beziehung erwarten?*

Jeder von uns ist wohl der Ansicht, daß eine Liebesbeziehung eine ganz besondere Art von Beziehung sein sollte. Obwohl wir sehr gut wissen, daß wir normalerweise den größten Teil unserer Zeit damit verbringen, daß wir nach Dingen suchen, die *uns selbst* glücklich machen, und auch damit, daß wir Dingen aus dem Weg gehen, die für uns unangenehm sind, haben wir das vage Gefühl, daß unser Egoismus wie durch ein Wunder verschwinden sollte, wenn wir jemanden von ganzem Herzen lieben. Und natürlich erwarten wir von unserem Partner eine gleiche Aufwallung der selbstlosen Hingabe. Ist das nicht, was Liebe eigentlich bedeutet?

Ein Lehrer schrieb uns zu dieser Frage folgendes:

> Es gibt eine echte Liebe und eine Pseudoliebe. Die echte Liebe ist im wesentlichen religiösen Ursprungs; sie ist irrational und beruht auf Glauben; ihr Hauptanliegen ist die

Sorge für einen anderen Menschen. Im Gegensatz dazu ist die Pseudoliebe materialistisch und rational und beruht auf der Aufrechterhaltung eines günstigen Verhältnisses zwischen Belohnung und Bestrafung. Der andere Mensch wird als eine Beifügung zur eigenen Person betrachtet, die man zum Zweck des Selbstausdrucks und der Befriedigung benötigt.

Es ist nur allzu verständlich, warum wir so gern glauben wollen, daß eine Liebesbeziehung etwas Besonderes ist. Jeder Mensch wünscht sich, daß er von seinem Liebespartner, seiner Familie und seinen Freunden auch dann noch geliebt wird, wenn er sein gutes Aussehen verloren hat, negative Ansichten und Gefühle unverhüllt zum Ausdruck bringt, ein Tagedieb ist oder ähnliches.

Aber das vorliegende Beweismaterial zwingt uns, realistischer zu sein:

- Menschen, die behaupten, daß sie fähig sind Liebe zu geben, ohne an eine Gegenleistung zu denken, unterliegen der Selbsttäuschung. Das Gleiche gilt für diejenigen, die eine solche selbstlose Liebe von ihrem Partner erwarten.
- Je mehr man dem Partner geben kann und will, desto größer ist die Gegenleistung, die man erwarten kann.
- Obwohl man *niemals* genau das bekommt, was man haben will, kann man zumindest ein paar der Dinge bekommen, die man sich am meisten wünscht.

Mit Hilfe einer allgemeinen Theorie des menschlichen Verhaltens, die als ›Theorie der Billigkeit oder Gleichwertigkeit‹ bezeichnet wird, können wir uns ein besseres Bild von der Wirklichkeit einer Liebesbeziehung verschaffen. Diese Theorie beruht auf vier grundlegenden Voraussetzungen:

1. Der Mensch ist biologisch darauf ›eingestellt‹, daß er den Genuß sucht und Schmerzen vermeidet. Dieses biologische Merkmal ist für das Überleben des Menschen von größter Wichtigkeit.

2. Die Gesellschaft besteht aus einer Anhäufung von selbstsüchtigen Menschen. Wenn die Gesellschaft überleben will, müssen ihre Mitglie-

der lernen, Kompromisse zu schließen. Sie müssen die Idee akzeptieren, daß man etwas geben muß, wenn man etwas bekommen will, und daß die Gegenleistung umso größer ist, je mehr man gibt.

3. Der Mensch fühlt sich in einer Partnerbeziehung dann am wohlsten, wenn er genau das bekommt, was ihm seiner Meinung nach zusteht. In einer Beziehung ohne ein Gleichgewicht von Leistung und Gegenleistung haben beide Partner unbehagliche Gefühle. Bei dem Partner, der zu kurz kommt, ist es verständlich, wenn er über die unbillige Behandlung, die ihm widerfährt, erbittert ist; erstaunlicherweise ist auch dem Partner, der mehr bekommt, als er verdient, nicht wohl in seiner Haut. Er fühlt sich schuldbewußt und hat Angst, seine begünstigte Position zu verlieren.

4. Partner, die in einer ungleichwertigen Beziehung leben, versuchen gemeinsam, diese quälende Situation zu bereinigen, indem sie die Gleichwertigkeit wiederherstellen. Sie machen dabei hauptsächlich von den folgenden drei Möglichkeiten Gebrauch:

- Sie versuchen, die *tatsächliche* Gleichwertigkeit wiederherzustellen.
- Sie versuchen, eine *psychologische* Gleichwertigkeit herzustellen, indem sie sich selbst und andere davon überzeugen wollen, daß ihre offensichtlich unbillige Beziehung in Wirklichkeit ›vollkommen fair‹ ist.
- Sie beschließen, die Beziehung zu beenden.

Die Grundsätze der Billigkeit und Gleichwertigkeit haben einen großen Einfluß auf die Wahl des Partners und auf das Glück, das man in dieser Beziehung findet.

Wer paßt zu wem?

Der Soziologe Peter Blau behauptet, daß jeder Mensch den Partner bekommt, den er ›verdient‹. Wenn jemand hofft, aus einer Partnerbeziehung Nutzen zu ziehen, muß er ›dieser Person ein Angebot machen, das sie nicht ablehnen kann‹. Je begehrenswerter ein Freier ist, desto begehrenswerter sind auch die Partnerinnen, die sich zu ihm hingezogen fühlen. Umgekehrt müssen sich weniger attraktive Männer mit

›Übriggebliebenen‹ zufrieden geben. Blau ist der Meinung, daß die Partnerwahl gemäß den Regeln der Marktwirtschaft erfolgt.

Ein Mensch, der über irgendeine besonders wünschenswerte Eigenschaft verfügt, also z. B. ›physische Attraktivität‹, ›Intelligenz‹ oder ›Einfühlungsvermögen‹ wird sich sehr wahrscheinlich mit einem Partner verbinden, der diese Eigenschaft in gleichem Maße besitzt.

Physische Attraktivität

Blaus Behauptungen sind durch Untersuchungen in den USA, Kanada, Deutschland und Japan bestätigt worden. Auch unsere Forschungsgruppe hat Untersuchungen auf diesem Gebiet durchgeführt.

Wir organisierten einen Tanzabend für neu immatrikulierte Studenten. Die Zuteilung der Partner sollte per Computer erfolgen. In der Ausgabestelle für die Eintrittskarten postierten wir vier Mitarbeiter, die unauffällig die äußere Erscheinung der Studenten einstuften. Danach baten wir die Studenten zu einem Interview.

Wir stellten fest, daß die gutaussehenden Männer und Frauen sich nicht nur als äußerlich attraktiv empfanden, sondern ihre gesamte Persönlichkeit als attraktiv bewerteten. Sie glaubten, daß sie eine bessere Persönlichkeit hätten und beliebter und kontaktfreudiger seien als ihre weniger attraktiven Kollegen.

Diese Meinung wurde von den Studenten geteilt, denen wir Fotos von den Testpersonen zeigten, verbunden mit der Frage: ›Welchen Eindruck haben Sie von dieser Frau bzw. von diesem Mann?‹ Alle Befragten hielten es für selbstverständlich, daß diese gutaussehenden Männer und Frauen auch über alle erdenklichen sozialen Vorzüge verfügten. Man glaubte, daß sie einfühlsamer, freundlicher, interessanter, gewandter, bescheidener, geselliger und kontaktfreudiger seien als weniger attraktive Kollegen, und auch ihre sexuelle Reaktionsfähigkeit wurde höher eingeschätzt. Außerdem wurde angenommen, daß sie amüsanter, aufregender und charaktervoller seien als ›gewöhnliche‹ Leute.

Ein paar Tage später teilten wir den Testpersonen ihre Partner zu, und dann fand der Tanzabend statt. Unsere Gruppe war ständig unterwegs und befragte sowohl Paare auf der Tanzfläche als auch Paare, die wir in allen möglichen anderen Räumlichkeiten aufstöberten; wir baten die jungen Leute einzeln, uns offen ihre Meinung über den jeweiligen Partner zu sagen und sicherten ihnen Diskretion zu. Sechs Monate später fragten wir die Testpersonen, ob sie mit ihrem vom Computer ausgewählten Partner in Verbindung geblieben seien. Diese und andere Untersuchungen führten uns zu den nachstehenden Schlußfolgerungen:

- Alle Männer und Frauen, ungeachtet ihrer sozialen Desirabilität (Summe der positiven sozialen Eigenschaften) — haben die gleiche Ansicht über Attraktivität. Der ideale Partner müßte schön bzw. gutaussehend sein, ein gewandtes Auftreten und gute Manieren haben. Was für einen Partner sie in Wirklichkeit wählen, steht auf einem anderen Blatt.
- Weder die Männer noch die Frauen erwarten, daß ein vom Computer zugeteilter Partner vollkommen ist; sie erwarten jedoch, daß seine soziale Desirabilität der eigenen entspricht. Auch wenn Männer und Frauen spezifizieren dürfen, was sie von einem Partner erwarten, werden sie kaum jemanden wählen, dessen soziale Desirabilität sich wesentlich von der ihren unterscheidet.

Bei einer anderen Untersuchung gingen die Psychologen von der folgenden Annahme aus: Je größer die Ähnlichkeit zwischen zwei Menschen ist, desto mehr sind sie ineinander verliebt, und desto deutlicher drückt sich dieses Gefühl durch intime Berührungen aus (z. B. Händehalten usw.). Diese Annahme bestätigte sich. Bei sechzig Prozent der Paare, die eine große Ähnlichkeit aufwiesen, wurden Berührungen dieser Art beobachtet; bei den Paaren mit geringerer Ähnlichkeit waren es sechsundvierzig Prozent, und bei Paaren, die äußerlich ziemlich verschieden waren, betrug der Anteil nur zweiundzwanzig Prozent.

Andere wünschenswerte Eigenschaften

Es gibt noch andere gemeinsame Eigenschaften, durch die zwei Menschen sich zueinander hingezogen fühlen können, z. B. Warmherzigkeit, Zuverlässigkeit, geistige und körperliche Gesundheit, Intelligenz, beruflicher Erfolg usw.

Die Mediziner sind sich weitgehend einig, daß ein geistig gesunder Mensch sich einem ebensolchen Partner zuwendet, während ein emotional gestörter Mensch meist an einen ebenfalls neurotischen Partner gerät. Der Psychoanalytiker E. Bergler hat darüber folgendes geschrieben:

PEANUTS
by SCHULZ
WEISST DU, WAS ICH NICHT VERSTEHE, CHUCK? ICH VERSTEHE NICHT, WAS LIEBE IST.
WER TUT DAS SCHON?
ERKLÄR' MIR, WAS LIEBE IST, CHUCK.
LIEBE KANN MAN NICHT ERKLÄREN..
Tm Reg U.S. Pat. Off.—All rights reserved ©1975 by United Feature Syndicate, Inc
ICH KANN EIN BUCH ODER EIN GEMÄLDE ODER EIN LIED ODER EIN GEDICHT EMPFEHLEN. ABER LIEBE KANN ICH NICHT ERKLÄREN.
VERSUCH ES, CHUCK! VERSUCH ZU ERKLÄREN, WAS LIEBE IST...
NUN, NEHMEN WIR MAL AN, ICH SEHE DIESES HÜBSCHE KLEINE MÄDCHEN VORÜBERGEHEN, UND ICH ...
WARUM MUSS SIE UNBEDINGT HÜBSCH SEIN, CHUCK? HE? KANN MAN SICH NICHT AUCH IN EIN MÄDCHEN VERLIEBEN, DAS NICHT HÜBSCH IST, SOMMERSPROSSEN UND EINE GROSSE NASE HAT?
ERKLÄRE DAS, CHUCK!!
NUN, VIELLEICHT HAST DU RECHT.. LASS UNS DANN ALSO SAGEN, DASS ICH ZUFÄLLIG DIESES MÄDCHEN VORBEIGEHEN SEHE, DAS EINE GROSSE DICKE NASE HAT UND...
8-10
ICH HABE NICHT GROSSE UND DICKE NASE GESAGT, CHUCK!
MAN KANN OFFENBAR LIEBE NICHT NUR NICHT ERKLÄREN... MAN KANN NICHT EINMAL ÜBER SIE SPRECHEN...
SCHULZ

> All die Geschichten über eine normale Frau, die das Opfer eines neurotischen Mannes wird, oder über einen normalen Mann, der sich in eine hochgradig neurotische Frau verliebt, sind nichts als Märchen. Das wirkliche Leben ist weniger romantisch. Neurotiker fühlen sich mit unheimlicher Regelmäßigkeit zu ihresgleichen hingezogen. Auf dem Gebiet der emotionalen Bindungen bleibt nichts dem Zufall überlassen.

Ein Psychologe führte mit verlobten Paaren mehrere psychologische Tests durch und wertete die Ergebnisse aus. Sechs Monate später fragte er die Paare, wie es um ihre Beziehung stünde: War sie inniger geworden, gleich geblieben, oder hatte sie sich abgekühlt? Er stellte fest, daß eine Beziehung umso dauerhafter war, je mehr sich die Partner in bezug auf ihre geistige Gesundheit ähnelten, d. h. geistig Gesunde blieben mit ebenfalls geistig gesunden Partnern zusammen, während Leute, die einen kleinen Tick hatten, sich an Partner banden, die ihnen in dieser Hinsicht ähnlich waren.

Die Soziologen Ernst Burgess und Paul Wallin führten eine klassische Studie über die Homogamie durch, d. h. über die Anziehungskraft der Gleichartigkeit. Sie interviewten eine Reihe von verlobten Paaren und fanden die Wahrheit des Wortes ›gleich zu gleich gesellt sich gern‹ bestätigt. Die Partner waren sich in fast jedem Punkt der Frageliste weitgehend ähnlich:

- Aussehen
- Geistige Gesundheit
- Körperliche Gesundheit
- Herkunft (einschl. Rasse, Religion, sozialer Status der Eltern, Schulbildung und Einkommen)
- Familiäres Milieu (z. B. die Qualität der Ehe der Eltern usw.)
- Beliebtheit.

Was dem einen fehlt, hat der andere

Nicht immer ist die Ähnlichkeit der Eigenschaften die Basis für eine dauerhafte Beziehung. Zwischen vielen Paaren findet ein ›Tauschhandel‹ statt, d. h. jeder Partner hat etwas zu bieten, das der andere nicht

MISS PEACH by Mell Lazarus.
Courtesy of Mell Lazarus and
Field Newspaper Syndicate.

hat. So kann sich z. B. ein Mann den Vorteil seiner physischen Attraktivität dadurch zunutze machen, daß er versucht, eine schöne Frau zu gewinnen — andererseits kann er sich aber für eine Frau entscheiden, die zwar unscheinbar aussieht, dafür aber warmherziger und zuverlässiger ist als er selbst. Ein alternder Politiker, der eine junge attraktive Frau heiraten will, bietet sein Ansehen und seine Macht gegen ihre Jugend und Schönheit.

Was Schönheit kaufen kann

In den dreißiger Jahren beobachtete eine Gruppe von Forschern zwölf- bis vierzehnjährige Mädchen, die auf einem Schulhof spielten. Sie stuften sie nach Schönheit, Figur, Sex Appeal und Gepflegtheit ein — kurzum, nach ihrem Gesamteindruck. Jahre später forschte der Soziologe Glenn Elder nach, was aus diesen Mädchen geworden war. Er stellte folgendes fest: Je attraktiver ein Mädchen damals gewesen war, desto besser war die ›Partie‹, die es gemacht hatte. Allem Anschein nach hatten die Mädchen ihre Schönheit benützt, um Partner zu gewinnen, deren sozialer Status weit höher war als ihr eigener.

Der Ausgleich

Die Zeitschrift ›Psychology Today‹ bat kürzlich ihre Leser um Informationen über einige Aspekte ihrer Partnerbeziehung. Sie erhielt über sechzigtausend Zuschriften.

Eine der Fragen lautete: ›Wer sieht besser aus, Sie oder Ihr Partner? Stufen Sie die physische Attraktivität Ihres Partners ein:

- Viel attraktiver als ich
- Etwas attraktiver als ich
- So attraktiv wie ich
- Etwas weniger attraktiv als ich
- Viel weniger attraktiv als ich.

Die Psychologin Ellen Berscheid und ihre Mitarbeiter hatten prophezeit, daß bei Paaren, die sich in einer Dimension – z. B. im Aussehen –

unterschieden, auf anderen Gebieten ein Ausgleich vorhanden sein würde. Sie hatten recht: Die Männer und Frauen, die weit besser aussahen als ihre Partner, gaben zu, daß die Partner Eigenschaften besaßen, die dieses Manko kompensierten, z. B. ein besonders liebevolles Wesen, Hilfsbereitschaft oder Reichtum. Ebenso sagten die Männer und Frauen, die nicht so attraktiv waren wie ihre Partner, daß sie kompensierende Eigenschaften bieten konnten.

Man kann also seine Eigenschaften benützen, um einen Partner mit den gleichen Merkmalen oder um einen Partner mit ganz verschiedenen, ergänzenden Vorzügen zu gewinnen.

Obwohl die meisten von uns sich einen Partner wünschen, dessen soziale Desirabilität höher ist als die eigene, achten wir in der Praxis auf Übereinstimmung bzw. Ausgeglichenheit. Für gewöhnlich wählen wir einen Partner, dessen sozialer Wert dem unseren entspricht. Die Wahl des Partners ist also ein wohlausgewogener Kompromiß zwischen dem Wunsch nach dem Idealpartner und der Erkenntnis, daß wir uns letzten Endes mit dem zufrieden geben müssen, das wir verdienen.

Zu große Unterschiede machen die Beziehung unglücklich

> In jeder Liebesaffäre gibt es einen, der liebt, und einen, der sich lieben läßt.
>
> W. Waller

Was geschieht, wenn man einen Partner wählt, der einem überlegen (oder unterlegen) ist? Was geschieht, wenn der Prinz das Aschenbrödel heiratet?

Der Grund für eine mögliche Unzufriedenheit des Prinzen liegt auf der Hand: Er kann nie ganz vergessen, daß er eine echte Prinzessin hätte heiraten können. Aber auch das beneidete Aschenbrödel hat Grund, unglücklich zu sein: Sie ist mit einem quälenden Dilemma konfrontiert. Einerseits will sie unbedingt die Liebe des Prinzen behalten. Was hat sie denn für eine Chance, noch einmal einen so begehrenswerten Partner zu gewinnen? Andererseits ist ihr mit schmerzhafter Deutlichkeit klar, daß der Prinz wenig Grund hat, bei ihr zu bleiben. Es ist also möglich, daß sich sowohl der ›überlegene‹ als auch der ›unterlegene‹ Partner in ihrer Beziehung unbehaglich fühlen.

Um die Behauptung zu untersuchen, daß Beziehungen zwischen gleichwertigen Partnern glücklicher sind als andere Verbindungen, befragten wir über dreihundert unverheiratete und verheiratete Paare.

Als erstes mußten wir herausfinden, ob die Beziehung fair und gleichwertig war. Wir fragten die Testpersonen danach, was sie zu der Beziehung beitrugen und was sie als Gegenleistung erhielten:

›Wenn Sie das miteinander vergleichen, was Sie zu Ihrer Beziehung beitragen und was Sie dafür bekommen, und dann die Leistung Ihres Partners und die Belohnung, die er dafür erhält, vergleichen, wie würden Sie dann urteilen?‹

–3 Mein Partner kommt besser weg als ich
–2 Mein Partner kommt etwas besser weg als ich
–1 Mein Partner kommt nicht sehr viel besser weg als ich
0 Leistung und Gegenleistung sind bei beiden ausgewogen
+1 Ich komme nicht sehr viel besser weg als mein Partner
+2 Ich komme etwas besser weg als mein Partner
+3 Ich komme besser weg als mein Partner

Unsere nächste Frage lautete: ›Wenn Sie darüber nachdenken, welchen Beitrag Sie zu Ihrer Beziehung leisten und welche Belohnung Sie dafür erhalten, welches Gefühl haben Sie dann?‹
Insbesondere wollten wir wissen:

- Wie *zufrieden* fühlen Sie sich?
- Wie *glücklich* fühlen Sie sich?
- Wie *zornig* fühlen Sie sich?
- Wie *schuldbewußt* fühlen Sie sich?

Die Ergebnisse zeigten, daß die Paare, die in einer gleichwertigen Beziehung lebten, glücklicher und zufriedener waren als die anderen. Diejenigen Männer und Frauen, die sich darüber im klaren waren, daß sie mehr bekamen, als sie verdienten, fühlten sich unbehaglich – sie waren weniger zufrieden und glücklich und hatten ein viel stärkeres Schuldbewußtsein. (Anscheinend tut man seinem Partner keinen Gefallen, wenn man ›zu gut‹ zu ihm ist.) Am schlimmsten waren natürlich die Männer und Frauen dran, die weniger bekamen, als sie verdienten – sie waren erheblich unzufriedener und unglücklicher und sehr viel zorniger.

Wir wollten auch herausfinden, ob Paare, die in einer gleichwertigen Beziehung leben, ein aktiveres Sexualleben haben als andere

Paare. Aus diesem Grund forderten wir unverheiratete Paare, die sexuelle Beziehungen hatten, auf, den folgenden Fragebogen auszufüllen.

Wir haben eine Liste von vierzehn Gründen zusammengestellt, aus denen eine Sexualbeziehung angeknüft wird, und schlagen vor, daß auch Sie einmal überprüfen, aus welchen Gründen Sie eine derartige Verbindung eingegangen sind:

1. Ich war neugierig und wollte Erfahrungen sammeln
2. Mein Partner wollte/brauchte es
3. Wir waren beide neugierig
4. Ich wollte/brauchte es
5. Mein Partner wollte, daß ich ihm meine Liebe beweise
6. Wir waren/sind ineinander verliebt
7. Ich wollte beweisen, daß ich ein Mann/eine Frau bin
8. Ich wollte beweisen, daß ich lieben kann
9. Wir haben/hatten einander gern
10. Meine Freunde sind der Ansicht, daß es richtig sei
11. Mein Partner überzeugte mich davon, daß es richtig sei
12. Gegenseitiges körperliches Verlangen, Genuß
13. Weil es mir Genuß bereitete
14. Weil es meinem Partner Genuß bereitete.

Dreieinhalb Monate später baten wir die Studenten, eine gekürzte Version des ursprünglichen Fragebogens auszufüllen. Das Ergebnis zeigte, daß Paare in einer gleichwertigen Beziehung sexuell am aktivsten sind, und daß *beide* Partner den Wunsch nach Geschlechtsverkehr haben. Bei Paaren, die in einer nichtgleichwertigen Beziehung leben, ist es viel seltener, daß beide Partner den gleichen Wunsch verspüren.

Die Wiederherstellung der Gleichwertigkeit

Wenn in einer Beziehung ein Mißverhältnis von Leistung und Gegenleistung herrscht und die Partner sich dessen bewußt sind, versuchen sie für gewöhnlich auf zweierlei Art und Weise das Gleichgewicht wiederherzustellen:

– Sie versuchen, die tatsächliche Gleichwertigkeit herzustellen: Der Partner mit den ›überlegenen‹ Eigenschaften verlangt, daß er besser behandelt wird, oder der ›unterlegene‹ Partner beginnt, seinen Mann bzw. seine Frau mit kompensatorischen Leistungen zu überschütten.
– Sie versuchen eine psychologische Gleichwertigkeit herzustellen, indem sie sich selbst, ihrem Partner und ihren Freunden versichern, daß ihre Beziehung in Wirklichkeit viel fairer sei, als es den Anschein habe.

Auch eine Beziehung, die auf Grund der kompensatorischen Eigenschaften der Partner ursprünglich gleichwertig war, kann aus dem Gleichgewicht geraten, wenn die ›Feinabstimmung‹ gestört wird. Wenn z. B. ein Partner sein Aussehen drastisch verändert – sei es durch einen Unfall, durch kosmetische Chirurgie oder durch eine Abmagerungskur–, dann ändern sich auch seine Erwartungen. In einem Artikel, der in einer Diät-Zeitschrift erschien, heißt es:

> Wie bei allen Beziehungen bildet auch bei der Ehe das Vorhandensein des Gleichgewichts die Grundlage. Wenn ein Partner fettleibig ist, dann wurde dieser Umstand — vielleicht unbewußt — bei der Herstellung des Gleichgewichts berücksichtigt. Es ist also verständlich, daß das Gleichgewicht gestört wird, wenn der Faktor der Fettleibigkeit wegfällt. Das bedeutet, daß die Beziehung einen anderen Charakter annimmt.
> Jetzt gibt es keine Versuche mehr, Liebe durch Nachgiebigkeit zu erkaufen, und auch die traditionelle Neigung der Dicken, jedes unliebsame Aufsehen zu vermeiden, verschwindet. An ihre Stelle tritt ein neuer Stolz, ein Bewußtsein der Rechte, die einem zustehen, und die Bereitschaft, diese Rechte durchzusetzen.

Während der Wirtschaftskrise in den dreißiger Jahren hatte die Psychologin Mirra Komarovsky reichlich Gelegenheit zu beobachten, welche Auswirkungen einschneidende Veränderungen auf das Gleichgewicht der Ehe haben. Was geschieht, so fragte sie, wenn ein Mann arbeitslos wird? Verliert er dann innerhalb der Familie an Autorität?

Sie besuchte ein paar Dutzend Familien, die von der Fürsorge leben mußten. In allen Familien war vor der Depression der Ehemann derjenige gewesen, der für den Lebensunterhalt sorgte. Frau Komarovsky befragte die Eheleute, welchen Einfluß die Wirtschaftskrise auf ihre Beziehung hatte. Sie stellte fest, daß in sechsundzwanzig Prozent der Familien die Autorität des Ehemannes schwand, als er kein Geld mehr verdiente.

In einigen Familien führte die neue Lage dazu, daß die Partnerbeziehung sich dahingehend veränderte, daß die Eheleute einander mehr gleichgestellt waren. Der Ehemann übernahm z. B. einen Teil der häuslichen Pflichten, was er früher niemals getan hatte. In einer Familie ließ sich ein protestantischer Vater, der seinen Kindern bis dahin den Besuch einer katholischen Schule verboten hatte, dazu bewegen, seinen Widerstand aufzugeben.

In anderen Familien fand eine Umkehrung des Status von Mann und Frau statt. Die Ehefrau, die ihren Mann bisher als Familienoberhaupt respektiert hatte, nahm keine Rücksicht mehr auf ihn. Sie machte ihm Vorwürfe, weil er keine Arbeit finden konnte, nörgelte ständig an ihm herum, ignorierte seine Wünsche, fing Streit an und kritisierte ihn unbarmherzig, sogar in Gegenwart der Kinder.

Ein Ehemann sagte: ›O ja, es gab eine Veränderung in unserer Familie, die ich mit einem Satz beschreiben kann: Ich habe meine Macht innerhalb der Familie aufgegeben …‹ Seine Frau machte die gleiche Feststellung: ›Er will immer noch der Herr im Haus sein. Das liegt nun mal in seiner Natur, obwohl er weiß, daß das nicht zu unserem Besten wäre. Er sagt, daß er zu Hause wie ein Hund behandelt wird, aber das stimmt nicht.‹

Die Wiederherstellung der psychologischen Gleichwertigkeit

Viele Leute finden es schwieriger, ihr Verhalten zu verändern als ihre Meinung. Paare, die erkannt haben, daß ihre Beziehung gefährdet ist, schließen lieber die Augen vor ihren Problemen und reden sich ein, daß alles ›in bester Ordnung‹ sei.

Eine intime Beziehung ist auch immer eine vielschichtige, komplizierte Beziehung, und selbst unter den günstigsten Bedingungen, ist es für die Partner oft außerordentlich schwierig zu entscheiden, was fair ist und was nicht. Es ist daher verständlich, daß die Partner den leichtesten Weg wählen, wenn das Gleichgewicht einer Beziehung gestört ist: Sie versuchen, sich selbst davon zu überzeugen, daß sich die Dinge von selbst regeln werden. Aber das ist nur allzuoft nicht der Fall.

Das Ende einer Partnerbeziehung

Wenn eine Beziehung unerträglich einseitig geworden ist, sollten die Partner an eine Trennung denken. Das ist für unverheiratete Paare natürlich viel leichter als für Ehepaare. Die Einstellung, daß eine Ehe eine dauerhafte Beziehung sein sollte, ist immer noch tief in uns verwurzelt. Auch Unverheiratete leiden unter einer Trennung, aber wenigstens bleiben ihnen die Ängste und Belastungen erspart, mit denen Verheiratete konfrontiert sind. Die schockierten Reaktionen von Eltern und Freunden, der Verlust des Rechts auf die Kinder, das Auseinanderbrechen von alten Freundschaften, mögliche negative Auswirkungen auf die berufliche Karriere. Außerdem sind eine Scheidung und ihre Folgen kostspielig.

Es gibt genügend Beweise dafür, daß die Dauerhaftigkeit einer Beziehung in hohem Maße von ihrer Gleichwertigkeit abhängt. Wir haben kürzlich eintausend verheirateten und unverheirateten Paaren die folgenden Fragen gestellt:

- Wieviel tragen Sie zu Ihrer Beziehung bei?
- Wieviel trägt Ihr Partner dazu bei?
- Wieviel Gewinn bringt ihre Beziehung Ihnen?
- Wieviel Gewinn bringt sie Ihrem Partner?

Auf Grund der Antworten teilten wir die Befragten in drei Kategorien ein:

Überbegünstigt: Die Betreffenden sind der Meinung, daß sie viel mehr Vorteile haben als ihre Partner.
Gleichwertige Behandlung: Die Betreffenden glauben, daß sie genau das bekommen, was sie verdienen.
Unterbegünstigt: Die Betreffenden sind der Ansicht, daß sie viel weniger Vorteile haben als ihre Partner.

Dreieinhalb Monate nach dem ersten Interview nahmen wir mit den Testpersonen wieder Verbindung auf, um herauszufinden, wie ihre Partnerbeziehung sich inzwischen entwickelt hatte. Diejenigen Beziehungen, in denen Gleichwertigkeit vorherrschte, erwiesen sich als ungewöhnlich beständig; die Partner waren davon überzeugt, daß sie zusammenbleiben würden. Die Männer und Frauen, die das Gefühl hatten, daß ihr Gewinn viel geringer war, als sie es verdient hätten (und jeden Grund für den Wunsch hatten, einen besseren Partner zu finden), beurteilten die weitere Entwicklung natürlich pessimistisch. Diese Einstellung fanden wir auch bei denjenigen, die sich bewußt waren, daß ihr Gewinn größer war, als sie es verdient hätten, und daher jeden Grund für die Hoffnung hatten, daß die Beziehung von Bestand sein würde. Auch sie mußten zugeben, daß die Aussichten für die Zukunft nicht allzu rosig seien.

Daß Ehen, in denen die Partner sich gleichwertig behandelt fühlen, so stabil sind, kann noch einen anderen Grund haben: Beide Ehepartner haben wenig Neigung, das Risiko einer außerehelichen Beziehung einzugehen. Der vorerwähnte Fragebogen der Zeitschrift ›Psychology Today‹ enthielt auch zwei Fragen über den außerehelichen Sex:

Wann hatten Sie zum ersten Mal nach Ihrer Heirat außereheliche Sexualkontakte?
1. Nie
2. Nach 16 oder mehr Jahren
3. Nach 12 bis 15 Jahren
4. Nach 9 bis 11 Jahren
5. Nach 6 bis 8 Jahren
6. Nach 3 bis 5 Jahren
7. Nach 1 bis 2 Jahren
8. Nach weniger als einem Jahr.

Mit wie vielen Personen hatten Sie außereheliche Sexualkontakte?
1. Mit keiner
2. Mit einer Person
3. Mit zwei oder drei Personen
4. Mit vier bis zehn Personen
5. Mit elf bis zwanzig Personen
6. Mit einundzwanzig bis fünfzig Personen
7. Mit über fünfzig Personen.

Die Antworten zeigten, daß sowohl die Männer und Frauen, die sich gleichwertig behandelt fühlten, als auch diejenigen, die zur Kategorie der Überbegünstigten gehörten, vor Abstechern in den außerehelichen Sex zurückscheuten. Im Durchschnitt waren sie zwölf bis fünfzehn Jahre verheiratet, bevor sie es riskierten, sich mit jemand anderem einzulassen. Bei den unterbegünstigten Männern und Frauen fanden die ersten außerehelichen Sexualbeziehungen wesentlich früher statt — durchschnittlich sechs bis acht Jahre nach der Heirat. Die Gruppe der Überbegünstigten hatte die wenigsten außerehelichen Affären (0 bis 1), bei den gleichwertig Behandelten waren es ein paar mehr, und die Unterbegünstigten hatten die meisten (1 bis 3).

Die Theorie der Gleichwertigkeit liefert also einen guten Maßstab für die Beurteilung einer Liebesbeziehung oder Ehe. Die Grundprinzipien dieser Theorie bestimmen, wen wir uns als Partner auswählen, wie wir mit ihm auskommen und ob wir mit ihm zusammenbleiben.

Ein paar praktische Ratschläge

Sie sollten sich den wichtigen Folgerungen nicht verschließen, die sich aus der Erkenntnis ergeben, daß die Entwicklung Ihrer Liebesbeziehung von den Prinzipien der Gleichwertigkeit bestimmt wird. Je mehr Sie zu bieten haben — je attraktiver, charmanter und rücksichtsvoller Sie sind, desto begehrenswerter wird der Partner sein, den Sie für sich gewinnen können.

Schönheit kann Glück kaufen …

Von Kind auf wird uns eingeprägt, daß das Aussehen nicht zählt — daß es nur auf das *Innere* eines Menschen ankommt. Aber nur wenige von uns haben diese Idee jemals voll akzeptiert. Natürlich *sollte* das Aussehen nicht zählen, aber wir wissen sehr gut, daß es fast immer eine Rolle spielt. Wie bereits erwähnt, haben umfangreiche sozialpsychologische Untersuchungen bewiesen, daß gutaussehende Männer und Frauen auf dem Heiratsmarkt viel bessere Chancen haben.

... aber auch Intelligenz, gutes Benehmen, Einfühlungsvermögen und Anteilnahme können dasselbe erreichen

Der erste Teil dieses Kapitels enthält eine Aufstellung der Eigenschaften, auf die es uns bei unserem Partner am meisten ankommt. Die Summe der Eigenschaften eines Menschen bestimmt seinen ›Wert‹ als erstrebenswerter Liebespartner. Je attraktiver das Gesamtbild Ihrer Persönlichkeit ist, desto attraktiver wird auch der Partner sein, den Sie gewinnen.

Welche Folgerungen kann man aus diesen Erkenntnissen ziehen? Wir wollen hier die Frage herausgreifen, was Sie tun können, um sich so attraktiv wie möglich zu machen. Als erstes müssen Sie sich darüber klarwerden, was Sie zu bieten haben. Denken Sie über sich selbst nach. Welche Stärken und Schwächen haben Sie?

Ihr Ziel besteht nicht darin, sich so umzumodeln, daß Sie dem ›durchschnittlichen‹ Mann bzw. der ›durchschnittlichen‹ Frau gefallen; versuchen Sie ja nicht, es allen rechtzumachen. Ihr Ziel ist vielmehr, den Menschen zu finden, der mehr als andere Leute bereit ist, Ihre Vorzüge zu schätzen und Ihre Schwächen zu dulden. Also halten Sie nach dem Menschen Ausschau, dem es gefällt, daß Sie musikalisch sind, einen ausgeprägten (wenn auch etwas skurrilen) Sinn für Humor haben und abends gern lange Spaziergänge machen. Suchen Sie den Menschen, dem es nichts ausmacht, daß Sie etwas unscheinbar aussehen, daß Sie morgens schlechte Laune haben, und daß Sie auf Parties schüchtern sind. Wenn Sie dieses einfache Ziel im Auge behalten, können Sie sich viele Enttäuschungen und schmerzvolle Erfahrungen ersparen.

Es ist nicht ganz einfach, diesen Rat zu befolgen, weil die meisten von uns die Gewohnheit haben, die Dinge genau von der anderen Seite zu sehen: Wir glauben, daß wir irgend etwas an uns ändern müssen, und daß wir, wenn wir das in Ordnung gebracht haben, unwiderstehlich sind. Diese Einstellung wird durch die Frauenzeitschriften noch gefördert, die den Frauen deutlich oder versteckt raten, sich so umzumodeln, daß sie dem Geschmack des ›durchschnittlichen‹ Mannes entsprechen — was immer man darunter versteht. (Das ist der Mann, der ›im Durchschnitt‹ schöne Frauen oder sanfte und unterwürfige Frauen oder sexuell willige Frauen mag.)

Aber das ist es nicht, was Sie wollen. Sie versuchen ja nicht, sich irgendwie zu ändern, damit Sie ›Herrn Durchschnitt‹ oder ›Frau Durchschnitt‹ gefallen, sondern Sie suchen einen ganz besonderen Menschen, der zu *Ihnen* paßt. Über Gelegenheiten, wie und wo man einen potentiellen Partner finden kann, haben wir bereits im zweiten Kapitel gesprochen.

Und nun kommen wir zu der Frage, wie Sie am besten beurteilen können, ob der Partner, den Sie gefunden haben, wirklich der Richtige für Sie ist.

Hüten Sie sich vor wohlgemeinten Ratschlägen

Die Eheberater betonen immer wieder, wie wichtig es sei, bei der Wahl des Partners größte Sorgfalt walten zu lassen. Als Beispiel wollen wir einen Eheberater zitieren, der jungen Männern empfiehlt, die zukünftige Ehefrau unter den Gesichtspunkten von ›Logik‹ und ›Vernunft‹ zu wählen und sich zu vergewissern, daß sie die folgenden grundlegenden Bedingungen erfüllt:

- Sie ist schön.
- Sie ist jünger als Sie.
- Sie ist kleiner als Sie.
- Sie hat die gleiche Religion.
- Sie hat die gleiche Rasse.
- Sie ist bereit, so zu tun, als ob sie genauso oder weniger intelligent ist wie Sie.
- Sie ist im Zeitpunkt des Kennenlernens noch unberührt.
- Sie ist bereit, vor der Hochzeit ein Jahr auf Probe mit Ihnen zusammenzuleben.
- Sie ist einverstanden, daß Sie die Sportarten ausüben, die Sie mögen.
- Sie akzeptiert Ihren Beruf, Ihre Ziele und Ihre Fähigkeiten.
- Sie ist bereit, so viele Söhne zu gebären, wie Sie sich wünschen.
- Sie ist sexuell begehrenswert.
- Sie ist keine Diabetikerin.
- Sie ist keine übermäßige Trinkerin.
- Sie hat nie Haschisch, LSD oder ähnliche Drogen genommen.
- In ihrer Familie hat es keine Geisteskrankheiten gegeben.

- Sie hat üppige Brüste.
- Sie hat die Einwilligung beider Eltern für die Verbindung mit Ihnen.
- Sie kann gut kochen.
- Sie kann gut nähen und stricken.
- Sie neigt nicht zum Jammern oder Streiten.
- Sie ist sauber und adrett.
- Sie ist nicht zu dick.
- Sie schnarcht nicht.

Halten Sie den Rat dieses Eheberaters für gut? Vielleicht — wenn man in einer Märchenwelt lebt. Für den Alltag ist er vollkommen nutzlos. Dieser Eheberater verwechselt Phantasie und Wirklichkeit, wenn er glaubt, daß man in einer Liebesbeziehung immer das bekommt, was man sich wünscht — vorausgesetzt, daß man weiß, wonach man suchen muß.

Geben Sie die phantastische Vorstellung auf, daß Sie das Recht auf einen nahezu vollkommenen Partner haben, denn damit schaden Sie sich nur selbst. Jeder Mensch ist anders geartet, und jeder ist eine einzigartige Mischung aus Stärken und Schwächen.

Wonach Sie also suchen sollten, ist ein Partner, dessen Eigenschaften mit den Ihren harmonieren. Natürlich können Sie Ihre Entscheidung davon abhängig machen, daß Ihr Partner ein oder zwei, meinetwegen auch ein Dutzend Bedingungen erfüllt, auf die Sie besonderen Wert legen, aber das ist alles. Sie müssen sich mit der Tatsache abfinden, daß *jeder* Partner, den Sie wählen, auch Eigenschaften hat, die weniger erfreulich sind. Wir wollen Ihnen damit nicht sagen, daß Sie Ihre Träume aufgeben müssen; wir wollen Sie dazu ermutigen, daß Sie sich Ihrer eigenen menschlichen Natur und auch der Tatsache bewußt werden, daß Sie sich glücklich schätzen dürfen, eine so vielfältige Auswahl an Partnern — die alle teils vollkommen, teils unvollkommen sind — zur Verfügung zu haben.

Noch ein Rat: Da Sie lediglich erwarten können, daß Ihr Partner nur einige der von Ihnen gewünschten Eigenschaften besitzt, sollten Sie sorgfältig überlegen, was für Sie am wichtigsten ist. Lassen Sie sich dabei nicht von den Vorlieben und Abneigungen anderer Menschen beeinflussen.

Wenn Sie noch nicht viel Lebenserfahrungen haben, ist es natürlich schwierig, genau zu wissen, was Ihnen an einem Partner wünschenswert erscheint und was nicht. Haben Sie Geduld. Der einzige sichere

Weg, um herausfinden zu können, was für Sie persönlich am meisten bedeutet, ist die Auswertung von eigenen Erfahrungen auf dem Gebiet der Partnerbeziehungen. Es hilft Ihnen aber bestimmt, wenn Sie sich im Zweifelsfall fragen: ›Ist das ein Partner, wie *ich* ihn mir wünsche? Oder ist es ein Partner wie ich ihn mir nach Meinung anderer Leute wünschen sollte?‹

Wie man eine Beziehung beurteilt

FRAGE: *Wie ist die Qualität meiner Partnerbeziehung?*

Sie wissen jetzt, daß eine Partnerbeziehung Ihnen manches gibt, das Sie sich wünschen, und daß Sie auf anderes verzichten müssen. Aber vielleicht fragen Sie sich, wie Ihre Partnerbeziehung im Vergleich zu der von Ihren Freunden aussieht? Ist Ihr Partner verständnisvoller oder weniger verständnisvoll als andere? Ist Ihre Frau oder Ihr Mann in sexueller Hinsicht aufregender oder langweiliger als andere Ehepartner?

Wir haben bereits gesagt, daß sowohl Männer als auch Frauen sehr hohe Erwartungen an eine Partnerbeziehung haben. Aber wie sieht es mit der Verwirklichung dieser Hoffnungen aus? Was gibt Ihnen Ihre Beziehung tatsächlich? Um das herauszufinden, beschlossen wir, eine Befragung durchzuführen. Die folgende Zusammenstellung gibt die Reaktionen der Testpersonen auf die Frage ›Wie lohnend ist Ihre Beziehung?‹ wieder.

Zeichenerklärung:

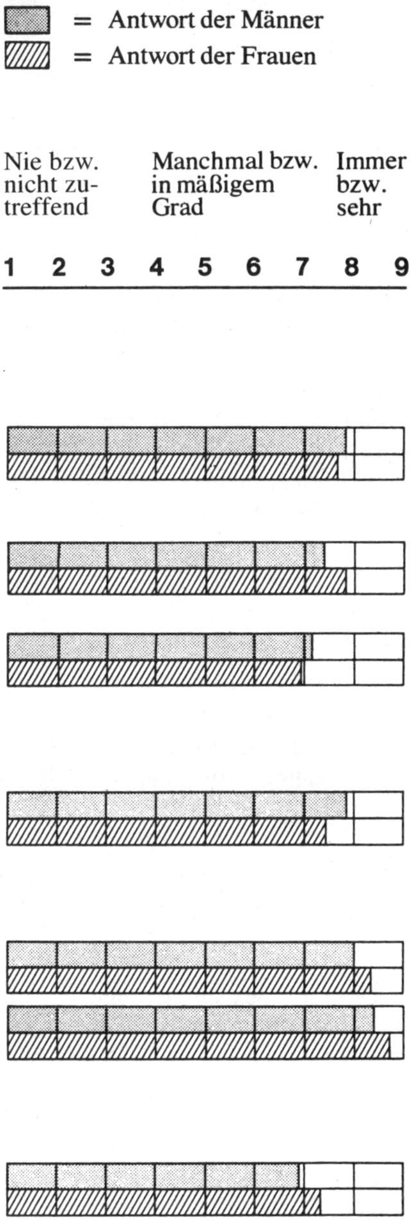

Persönliche Belohnungen

Soziales Auftreten
- Mein Partner ist gesellig, freundlich und hat ein gutes Auftreten

Intellekt
- Mein Partner ist intelligent und gut informiert

Aussehen
- Mein Partner sieht gut aus
- Mein Partner achtet auf sein Äußeres, seine körperliche Verfassung, ferner auf Sauberkeit, Kleidung, Fitneß und vernünftige Eßgewohnheiten

Emotionale Belohnungen

Gernhaben und lieben
- Mein Partner hat mich gern
- Mein Partner liebt mich

Verständnis und Anteilnahme
- Er hat Verständnis für meine Anliegen und Bedürfnisse und geht darauf ein

Nie bzw. nicht zutreffend			Manchmal bzw. in mäßigem Grad				Immer bzw. sehr	
1	2	3	4	5	6	7	8	9

Bejahende Einstellung
- Da er mich voll und ganz akzeptiert und mich ermutigt, habe ich die Freiheit, ab und zu verschiedene Rollen auszuprobieren, d. h. schutzbedürftig oder mütterlich zu sein, ein Kollege oder Freund zu sein, ein aggressiver oder ein passiver Liebespartner zu sein usw.

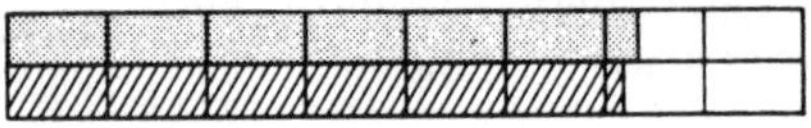

Wertschätzung
- Er schätzt meinen Beitrag zu unserer Beziehung und betrachtet ihn nicht als etwas Selbstverständliches

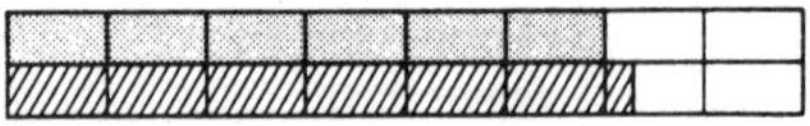

Zärtlichkeit
- Er zeigt seine zärtlichen Gefühle durch Berührungen, Umarmungen, Küsse

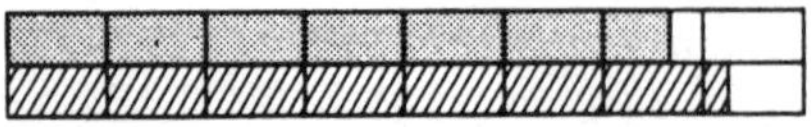

Sex
- Unsere Sexualbeziehung ist befriedigend und genußvoll

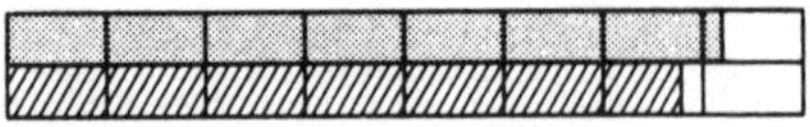

- Sexuelle Treue; mein Partner hält sich an unsere Vereinbarungen über außereheliche Beziehungen

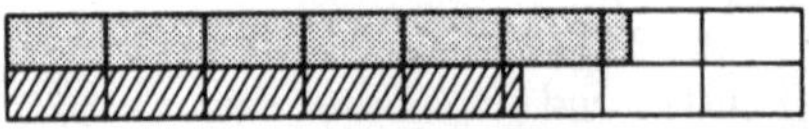

Nie bzw. nicht zutreffend	Manchmal bzw. in mäßigem Grad	Immer bzw. sehr

1 2 3 4 5 6 7 8 9

Sicherheit
- Ich fühle mich sicher, weil er sich seiner Verantwortung mir gegenüber und in bezug auf die Zukunft unserer Beziehung bewußt ist

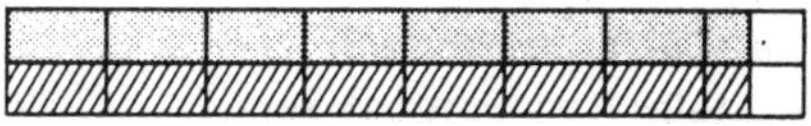

Pläne für zukünftige Ziele
- Wir machen gemeinsam Pläne und teilen unsere Zukunftsträume*

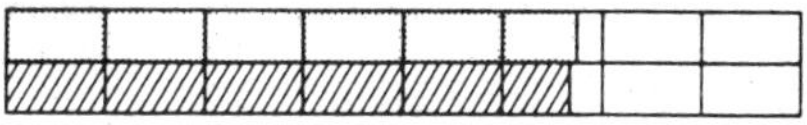

Belohungen im Alltag
- Unser Haushalt funktioniert gut, weil jeder sein Aufgabengebiet hat

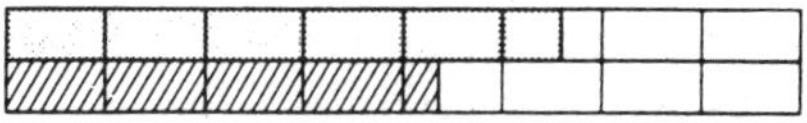

Finanzen
- Durch seinen Beitrag zum ›gemeinsamen Konto‹ verfüge ich über ein Einkommen bzw. andere finanzielle Hilfsmittel

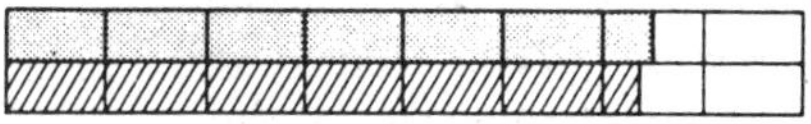

Verhalten
- Mit meinem Partner kann man den Alltag leicht ertragen

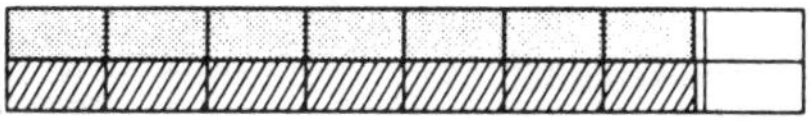

- Mein Partner ist ein guter Gefährte, der immer Freizeitpläne hat und auch auf meine Ideen eingeht

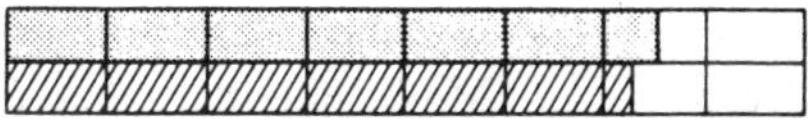

Nie bzw. nicht zutreffend			Manchmal bzw. in mäßigem Grad				Immer bzw. sehr	
1	2	3	4	5	6	7	8	9

– Mein Partner ist an meinen Tageserlebnissen und Sorgen interessiert und erzählt mir von seinen Erlebnissen und Sorgen

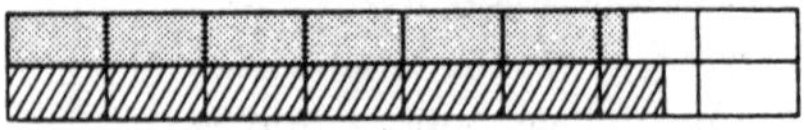

Entscheidungen
– Mein Partner trägt seinen Anteil an der Verantwortung für Entscheidungen, die uns beide betreffen

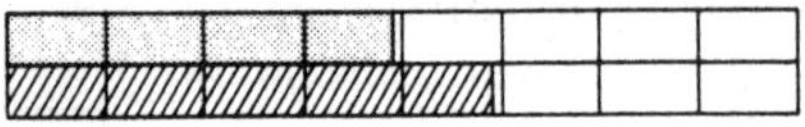

Besondere Gedenktage
– Mein Partner erinnert sich an meinen Geburtstag, unseren Hochzeitstag und andere Gedenktage *

Gewinn und Verlust von Möglichkeiten

Gewinn von Möglichkeiten
– Die Möglichkeit, an den vielen Lebenserfahrungen teilzunehmen, die man nur in der Ehe erleben kann, z. B. Elter oder Großelter zu werden; die Teilnahme an sozialen Veranstaltungen speziell für Ehepaare; im Alter nicht allein zu sein

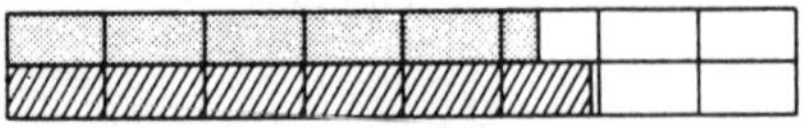

Verlust von Möglichkeiten
– Der unvermeidliche Verzicht auf Möglichkeiten,

	Nie bzw. nicht zutreffend			Manchmal bzw. in mäßigem Grad				Immer bzw. sehr	
	1	2	3	4	5	6	7	8	9
um diese Beziehung eingehen zu können. Es kann sich dabei um andere mögliche Partner, die berufliche Karriere, Reisen usw. handeln.*									

*In diesen Punkten lagen noch keine Ergebnisse vor.

Wie lohnend ist *Ihre* Partnerbeziehung? Wie würden Sie die Belohnungen einschätzen, die Ihre Beziehung Ihnen in den obengenannten Bereichen einbringt? Prüfen Sie es einmal nach; vielleicht würde es Ihnen interessante Erkenntnisse darüber vermitteln, wo Ihre Partnerbeziehung am stärksten ist und wo sie verbessert werden sollte.

8. Kapitel

Leidenschaftliche Liebe oder kameradschaftliche Liebe - die Wahl liegt bei Ihnen

Unsere Diskussion der leidenschaftlichen und der kameradschaftlichen Liebe führt uns zu einer Schlußfolgerung, die sowohl ermutigend als auch entmutigend ist: Die Leidenschaft ist ein flüchtiger Stoff. Sie spendet uns für eine kurze Zeit Freude, Aufregung, Ekstase und Erfüllung, aber auch Angst, Leid und Verzweiflung. Die kameradschaftliche Liebe ist robuster. Sie kann eine ruhige, gute Freundschaft geben, die ein ganzes Leben lang anhält.

Aber die Menschen sind raffinierte und schwierige Geschöpfe. Wenn man uns fragt: ›Was möchtest du vom Leben haben — leidenschaftliche Liebe oder kameradschaftliche Liebe?‹, dann antworten wir mit Sicherheit: ›Beides.‹

Nicht nur, daß wir uns nach dem Unmöglichen sehnen — wir erwarten es sogar. Irgendwie hegt jeder von uns die Hoffnung, daß sein Leben anders verlaufen wird als das seiner Mitmenschen. Nun gut, wir wissen, daß die Leidenschaft vergänglich ist, daß sich im Laufe der Zeit jede Partnerbeziehung zu einer wenn auch liebevollen, so doch sehr irdischen Routine mäßigt. An diese Wahrheit werden wir von unseren Eltern und Freunden und von den Romanen, die wir lesen, immer wieder erinnert. Na und? Unsere Ehe wird anders sein. Uns wird es irgendwie gelingen, eine leidenschaftliche, dramatische, stürmische, atemberaubende Liebesaffäre aufrechtzuhalten — und gleichzeitig mit unserem Partner ein ruhiges, solides Eheleben zu führen.

Kein Mensch gibt sich mit Leidenschaft oder Kameradschaft allein zufrieden, jeder will etwas von beidem haben. Die Frage sollte also lauten: ›Welches *Verhältnis* von Leidenschaft und Kameradschaft willst du vom Leben haben? Wie hoch bewertest du den Gewinn, den die Leidenschaft bzw. die Kameradschaft dir gibt? Bis zu welchem Grad bist du bereit, den Preis für die Aufrechterhaltung einer leidenschaftlichen Beziehung zu bezahlen, oder den Preis für eine Kameradschaft?‹

Wenn Sie die Leidenschaft wählen

Es gibt Menschen, die unbedingt ein von Leidenschaft erfülltes Leben führen wollen, und sie sind bereit, dafür vieles zu opfern. Natürlich gibt es in jeder Ehe gelegentlich ein Wiedererwachen der Leidenschaft. Die Gründe dafür können verschiedenster Art sein: die Aufregung, die mit einer neuen Stellung verbunden ist, die Geburt eines Kindes, miteinander geteilte Freuden, wichtige Ereignisse. Aber solche Erfahrungen sind relativ selten. Manche Menschen wollen mehr.

Ratschläge für eine leidenschaftliche Ehe

In letzter Zeit sind viele ›Leitfäden‹ für Frauen veröffentlicht worden, in denen behauptet wird, daß eine Frau die Leidenschaft in ihrer Ehe aufrechterhalten kann, wenn sie bereit ist, für dieses Ziel wahrhaft heroische Anstrengungen zu unternehmen. Die Autorinnen erklären, daß es einzig und allein die Aufgabe der Frau ist, die Leidenschaft am Leben zu erhalten.

Als erstes muß die Frau lernen, ihre Gedanken, ihre Emotionen und ihr Verhalten zu kontrollieren. Sie muß sich ihrem Mann voll und ganz unterordnen. Sie muß sich an folgende Grundregeln halten: Ihren Mann zu akzeptieren, indem sie nur an seine Vorzüge denkt und seine Schattenseiten vergißt; ihren Mann zu bewundern und ihm Komplimente über seinen Körper zu machen; sich ihrem Mann anzupassen, indem sie sich nach seinem Tagesrhythmus und nach seinem Geschmack richtet; und ihren Mann zu schätzen, indem sie ihm und dem Schicksal dankbar ist.

Nach Ansicht dieser Autorinnen muß eine Frau eine ganze Kiste voller Tricks parat halten, um die Leidenschaft ihres Mannes immer wieder aufs neue anzufachen. Dazu gehört z. B. auch ›kindlicher Zorn‹, denn ein schmollendes Kind ist ja so entzückend, daß man den unwiderstehlichen Wunsch verspürt, es in die Arme zu nehmen. Wenn eine Frau wie ein Kind schmollt, fühlt sich der Mann umso erwachsener und stärker.

Den Leserinnen wird auch empfohlen, den Mann bei der Rückkehr von der Arbeit in einem rosa Baby-Doll-Hemd und weißen Lederstiefeln zu begrüßen, ihn unter dem Eßtisch zu verführen, ihm Zettel mit Liebesgesäusel in die Lunchbox zu stecken, ihn im Büro anzurufen und ihn mit versteckten Anspielungen zu erfreuen. Die ›Belohnung‹ für diese Mühen würde in kostbaren Geschenken und in der Erfüllung vieler kleiner Wünsche bestehen.

Die getreuliche Befolgung all dieser Tricks soll angeblich bewirken, daß die ›himmlische Liebe‹, die ›zärtliche Fürsorge‹ und der ›Super-Sex‹ des Ehemannes nie zum Erliegen kommen — und daß die materielle Belohnung nicht ausbleibt.

So aufregend das alles auch klingt, die Sozialpsychologen sind bestenfalls skeptisch. Ihr Rat lautet: ›Verlassen Sie sich nicht darauf!‹ Nach einer Weile wird jede Neuheit schal.

Außereheliche Beziehungen — die Suche nach Aufregung

Viele Männer und Frauen befriedigen ihr Bedürfnis nach Leidenschaft und Aufregung in außerehelichen Beziehungen. Beispiele dafür sind der Geschäftsmann, der während des 12minütigen Fluges von San Diego nach Los Angeles versucht, die Stewardess zu verführen, oder die berufstätige Frau, die im Büro flirtet oder flüchtige Affären hat, oder Pärchen, die auf Swinging Parties gehen, oder Liebende, die sich im eiskalten Winter auf einsamen Stränden aneinander schmiegen oder sich heimlich zu einem Dinner bei Kerzenlicht, in einer obskuren Kunstgalerie oder im Bett treffen. Zu Hause führen all diese Leute gleichzeitig ein traditionelles, ruhiges Eheleben.

Die Suche nach Aufregung außerhalb der Ehe ist eine weitverbreitete Gewohnheit. Ende der vierziger und Anfang der fünfziger Jahre befragten Alfred Kinsey und seine Mitarbeiter über sechzehntausend Männer und Frauen und stellten fest, daß in der Altersgruppe der Vierzigjährigen fünfzig Prozent der Männer und sechsundzwanzig Prozent der Frauen außereheliche Sexualkontakte gehabt hatten.

Im Jahre 1974 wertete Morton Hunt die Befragungen aus, die in den fünfundzwanzig Jahren seit Kinseys Untersuchung durchgeführt worden waren. Das Ergebnis war paradox: Einerseits hat sich nicht viel geändert — andererseits hat sich alles geändert.

Es hat sich nicht viel geändert — es hat sich alles geändert

Die Ergebnisse von kürzlich durchgeführten Befragungen zeigen, daß die Häufigkeit der außerehelichen Sexualkontakte bei den Männern seit Kinseys Zeit praktisch unverändert geblieben ist. Aber es gibt keine doppelte Moral mehr: Die Zahl der Frauen, die im außerehelichen Sex nach Aufregung suchen, entspricht in etwa derjenigen der Männer. Zur Zeit Kinseys hatten nur acht Prozent der Ehefrauen unter vierundzwanzig Jahren außereheliche sexuelle Erfahrungen, heute sind es vierundzwanzig Prozent. Dazu kommt, daß junge Eheleute gern neue Methoden praktizieren — Partnertausch, Swinging und Gruppenehe.

Bücher, in denen die traditionelle Ehe kritisiert und das Für und Wider von alternativen Lebensstilen diskutiert wird (sexuelle Enthaltsamkeit, Junggesellentum, offene Ehe, homosexuelle Partnerbeziehung, heterosexuelle Dreieckverhältnisse, Swinging, Gruppenehe usw.) erfreuen sich plötzlich größter Beliebtheit. Eines der bekanntesten Bücher dieses Genres ist ›Die offene Ehe‹ von Nena und George O'Neill. Es beginnt mit einer ätzenden Analyse der traditionellen, geschlossenen Ehe, in der erwartet wird, daß jeder Partner *alle* Bedürfnisse des anderen erfüllt, seien sie intellektueller, psychologischer, emotionaler oder physischer Natur — eine unrealistische Forderung.

Für eine offene Ehe müssen beide Partner einen Modus erarbeiten, der ihnen entspricht. In einer Beziehung dieser Art gibt es keinen Stillstand, sondern ein ständiges Wachstum und ständige Veränderungen. Die Autoren geben auch einige Richtlinien für die offene Ehe an; eine davon lautet, daß jeder Partner das Recht auf neue Freundschaften und Erfahrungen außerhalb der Ehe hat.

Wenn wir diesen Punkt etwas näher betrachten, sehen wir sofort die Schwierigkeiten, die er in sich birgt.

Offene Gemeinschaft/offene Liebe/offener Sex

Jungverheiratete Eheleute pflegen sich ausschließlich aufeinander zu konzentrieren; sie haben keine Zeit für andere. Im Laufe der Zeit wird – in einer guten Ehe – aus der Leidenschaft Liebe, Verständnis und eine enge Verbundenheit. Das ist, wie die O'Neills sagen, der Zeitpunkt, in dem die Partner anfangen sollen, ihren Horizont zu erweitern, ihre speziellen Interessen zu entdecken und intime Freundschaften zu entwickeln.

Fein, werden Sie jetzt sagen, aber wie intim, bitte?

Soll es bei der Freundschaft bleiben? Was ist, wenn sie jemanden kennenlernen, der besser aussieht, klüger, reicher oder anregender ist als der Partner? Sind Sexualkontakte mit anderen gestattet? Und wie steht es mit der Eifersucht?

Die O'Neills glauben, daß eine Ehe, in der in jeder Hinsicht Offenheit und Vertrauen herrscht, eine so feste Bindung ist, daß die Partner es sich leisten können, diese Bindung zu öffnen und auch andere einzulassen. Ihrer Meinung nach fördert eine offene Beziehung das Wachstum der gegenseitigen Achtung und Liebe.

Die Vorteile und Nachteile von außerehelichen Beziehungen

Beginnen wir mit den Vorteilen. Die Namensliste der Autoritäten, die sich zum außerehelichen Sex bekennen, ist eindrucksvoll: der ehemalige Vorsitzende des Verbandes der amerikanischen Eheberater, Dr. Neubeck, der Psychologe Albert Ellis, der Anthropologe Gilbert Bartell, der Schriftsteller Robert Rimmer, die Psychologin Joyce Brothers und viele Theologen, Autoren und Schauspieler.

Dr. Neubeck sagte in einer Fernsehdiskussion, es sei wenig wahrscheinlich, daß Partner, die in einer ausschließlichen Beziehung leben, das Gefühl haben, daß alle ihre grundlegenden Bedürfnisse erfüllt werden. Für diese Behauptung gibt es wissenschaftliches Beweismaterial, fuhr Dr. Neubeck fort. Bei einer Befragung von 453 verlobten oder jungverheirateten Personen waren nur achtzehn Prozent der Meinung, daß ihre emotionalen Bedürfnisse von ihren Partnern ›sehr gut‹ oder ›gut‹ befriedigt würden. Die große Mehrheit der Männer und Frauen fühlte sich ungeliebt, einsam oder mißverstanden. Wenn man jedoch gleichzeitig *mehrere* Liebesbeziehungen hätte, könnten die verschiedenen Bedürfnisse in jeweils einer anderen Beziehung befriedigt werden und man würde für jeden Partner eine andere Art der Liebe empfinden. Dr. Neubeck wies darauf hin, daß derartige Beziehungen für eine Ehe vorteilhaft seien, weil sie die Last verringern, die jeder Partner dem anderen aufbürdet.

In einer Diskussion über das Für und Wider von außerehelichen Sexualkontakten sagte Albert Ellis, daß die meisten Männer und Frauen durch einen Ehebruch mehr gewinnen als verlieren würden — und ihre Partner ebenfalls. Er zählte die folgenden Vorteile auf:

Sexuelle Abwechslung. Der Mensch hat ein natürliches und biologisches Bedürfnis nach Abwechslung.

Bedürfnis nach Freiheit. Viele Menschen empfinden die Ehe zwar als befriedigend, aber auch als einengend . . . Wenn sie von der ehelichen Routine gelangweilt sind, entdecken sie, daß außereheliche Kontakte eines der wirksamsten Mittel sind, um die Routine zu unterbrechen und die persönliche Freiheit zu erweitern.

Verminderung von Frustration. Viele Leute empfinden den Geschlechtsverkehr in der Einehe als einschränkend und frustrierend, insbesondere wenn der sexuelle Appetit des Partners nicht mit dem eigenen übereinstimmt.

Verbesserung der Ehe. Es ist möglich, daß sich einer der Ehepartner oder auch beide nach einer außerehelichen Beziehung sowohl sexuell als auch seelisch nicht mehr so frustriert fühlen und daher weniger Verstimmung zwischen ihnen herrscht . . . Sie sind vielleicht offener und ehrlicher zueinander. Mit der größeren Wertschätzung des Partners können sich auch die sexuellen Beziehungen verbessern.

Verbesserung der Sexualität in der Ehe. So wie der Mensch den Sex in seinen vorehelichen Beziehungen kennenlernt, wird er durch außereheliche Kontakte Verständnis sowohl für seine eigenen sexuellen Neigungen als auch für die anderer Menschen erwerben . . . Das gilt besonders für diejenigen, deren voreheliche Beziehungen stark eingeschränkt waren. Das in außerehelichen Kontakten erworbene Wissen kann helfen, das eheliche Sexualleben zu verbessern.

Die Nachteile. Trotz der vielen Plädoyers und der Aufzählung der Vorteile für den einzelnen und für die Ehe, ist es eine Tatsache, daß außereheliche Beziehungen Probleme schaffen. Außerdem wird uns von Kind auf eingeprägt, daß eine ›gute‹ Ehe sowohl *ausschließlich* als auch *dauerhaft* ist.

Die meisten Leute — kurioserweise auch solche, die selbst ehebrecherische Beziehungen haben — sind gegen den außerehelichen Sex.

Schon die Ausdrücke, mit denen wir eine solche Beziehung bezeichnen — ›Betrug‹, ›Täuschung‹, ›Untreue‹, ›fremdgehen‹ — spiegeln unser Mißfallen wider. Die Playboy Foundation führte eine Untersuchung durch, in der die Testpersonen folgendes gefragt wurden: ›Hätten Sie etwas dagegen, wenn Ihr Partner mit einer anderen Person Liebkosungen austauschen würde?‹; ›. . . wenn Ihr Partner gelegentlich einen außerehelichen Sexualkontakt hätte?‹; ›. . . wenn Ihr Partner eine außereheliche Liebesbeziehung hätte?‹; ›Würde Ihr Partner etwas dagegen haben, wenn *Sie* solche Dinge täten?‹ Von achtzig bis neunzig Prozent der Befragten wurden die Fragen mit einen entschiedenen ›Ja‹ beantwortet; sie sagten übereinstimmend, daß sie (oder ihre Partner) gegen solche Aktivitäten Einspruch erheben würden.

In Anbetracht der traditionellen Verurteilung von außerehelichen Beziehungen nimmt es nicht wunder, daß viele moderne junge Eheleute — selbst diejenigen, die für die offene Ehe eintreten und der Ansicht sind, daß beide Partner das Recht haben *sollten*, sich frei zu entfalten und ihre Liebe mit intimen Freunden zu teilen — sich betrogen fühlen, wenn ihr Partner tatsächlich Interesse für jemand anderen zeigt. Dann werden auch die vernünftigsten Männer und Frauen hysterisch, klagen ihren Freunden ihr Leid und bemühen sich verzweifelt, Einzelheiten über ›ihn‹ oder ›sie‹ zu erfahren. Plötzlich wird ihnen mit schmerzhafter Deutlichkeit bewußt, wie sehr sie ihren Partner lieben. Mit dem Verstand kann man vielleicht die Tatsache akzeptieren, daß Fremde oft mehr Leidenschaft erwecken als der Ehepartner — aber emotional kann man es nicht.

Der Einfluß von außerehelichem Sex auf den Bestand der Ehe

Eine außereheliche Beziehung birgt immer die Gefahr in sich, daß sie zur Scheidung der Ehepartner führt. Der außereheliche Partner kommt einem vielleicht begehrenswerter vor als die Ehefrau bzw. der Ehemann. Oder der ›betrogene‹ Ehegatte bringt es nicht über sich, dem Partner die Dinge zu verzeihen, die er gemäß der zwischen ihnen getroffenen Absprache eigentlich tun durfte, und reicht die Scheidung ein.

Wie groß ist die Wahrscheinlichkeit, daß ein Ehebruch zu ernsten Problemen führt? Die Wissenschaftler können diese Frage nicht mit Sicherheit beantworten. Kinsey und seine Mitarbeiter meinten, daß außerehelicher Sex in einer Ehe wenig Schaden anrichtet — falls der Partner nichts davon weiß.

Wie oft finden Ehemänner und Ehefrauen heraus, daß ihr Partner eine außereheliche Affäre hat? Als Kinsey die Daten für ›Das Sexualverhalten des Mannes‹ sammelte, machte er sich leider nicht die Mühe, die Männer zu fragen, ob ihre Ehefrauen ihre Untreue entdeckt hatten, und wie sie darauf reagierten. Aber bei den Untersuchungen ›Das Sexualverhalten der Frau‹ berücksichtigte Kinsey diese Fragen. Ungefähr die Hälfte der Frauen, die außereheliche Kontakte gehabt hatten, sagte, daß der Ehemann nichts gemerkt hatte. Ungefähr neun Prozent befürchteten, daß der Ehemann Bescheid wüßte, und vierzig Prozent waren überzeugt davon, daß der Ehemann informiert war.

Wie reagierten die Ehemänner auf diese Affären? Wenn der Ehemann nichts wußte, hatte die Beziehung kaum eine negative Auswirkung auf die Ehe. Von den Ehemännern, die Bescheid wußten, sagten achtundfünfzig Prozent, daß es ›keine‹ oder nur ›geringfügige‹ Schwierigkeiten gab; nur in zweiundvierzig Prozent der Fälle kam es zu schwerwiegenden Problemen.

Kinseys Schlußfolgerung lautete: In einundsiebzig Prozent der Fälle löst eine außereheliche Beziehung keine Ehekonflikte aus, entweder weil die Partner nicht Bescheid wissen, oder weil es ihnen gleichgültig ist.

Der Psychologe John Gagnon machte die folgende trockene Feststellung:

> Wenn Kinsey die Leute fragte: ›Spielte *Ihre* außereheliche Beziehung bei Ihrer Scheidung eine Rolle?‹, antworteten sie, daß dieser Umstand sehr wenig Einfluß auf die Scheidung gehabt hatte (obwohl es vielleicht anders gewesen wäre, wenn der Partner Bescheid gewußt hätte). Wenn sie gefragt wurden: ›Hat die außereheliche Beziehung Ihres *Partners* einen Einfluß auf Ihre Scheidung?‹, lautete die Antwort ganz anders. Wenn sie wußten, daß ihr Partner außereheliche Sexualkontakte hatte, wurde das als ein sehr wichtiger Faktor betrachtet, besonders von den Männern.

Wenn Ehepaare, die sich scheiden lassen wollen, nach den Ursachen für die Trennung gefragt werden, wird auch immer die Untreue als ein

Grund genannt; bei den Männern, die von sich aus die Scheidung einreichen, gehört sie sogar zu den vier Hauptgründen.

Außereheliche Beziehungen sind sehr verlockend. Aber obwohl viele ›Ehe-Experten‹ behaupten, daß wir, wenn wir mehrere Partner lieben, verständnisvoller, mitfühlender, fröhlicher und selbstsicherer werden, ist der außereheliche Sex ein Elixier, das man mit Vorsicht genießen sollte. Eine falsche Dosierung könnte tödlich sein.

Die Auswirkung von außerehelichem Sex auf die Scheidung

Frage		große	mäßige	gering-fügige	keine
		Auswirkung			
War Ihr außerehelicher Sex ein Grund für Ihre Scheidung?	(Frauen)	14 %	15 %	10 %	61 %
	(Männer)	18 %	9 %	12 %	61 %
War der außereheliche Sex Ihres Partners ein Grund für Ihre Scheidung?	(Frauen)	27 %	49 %	24 %	0 %
	(Männer)	51 %	32 %	17 %	0 %

Aus John H. Gagnon, Human Sexualities

Wenn Sie die Kameradschaft wählen

Manche Menschen ziehen es vor, sich frühzeitig von der Leidenschaft zurückzuziehen. Sie geben sich alle Mühe, um ihre Ehe so ruhig und kameradschaftlich wie möglich zu gestalten. Diese Wahl bietet ein paar echte Vorteile, aber auch ein paar echte Nachteile.

Zuerst die Vorteile. Eine große Anzahl von prominenten Persönlichkeiten vertritt den Standpunkt, daß Kameradschaft in der Ehe der einzige Weg zum Glück sei.

Diese Wahl bietet wirklich echte Vorteile. Viele Menschen haben schon bei der Arbeit so viel Aufregung, wie sie verkraften können, und wollen zu Hause ihre Ruhe haben. Die Ehepartner genießen oft das sichere Bewußtsein, daß ihr Leben seinen ruhigen und ungestörten Gang geht, während ihre Freunde einen Gefühlssturm nach dem anderen bewältigen müssen. Sie freuen sich darüber, daß sie im Alter zusammen und mit Behagen auf ihr Leben zurückblicken können.

Die Nachteile. Die Menschen, die sich für eine kameradschaftliche Ehe entscheiden, müssen darauf gefaßt sein, daß sie in mancherlei Hinsicht für diese Wahl zahlen müssen. Eine Beziehung, die nicht wenigstens *etwas* durch Leidenschaft gewürzt wird, kann zu einem langweiligen Geschäft werden. Die Partner führen schon in der Anfangszeit ihrer Ehe eine feste Routine ein und bleiben dabei. Sie gehen pflichtbewußt in die Arbeit und versorgen genauso pflichtbewußt ihre Kinder und den Haushalt. Und das ist alles. Nie gibt es Änderungen. Nichts zwingt sie zu der Erkenntnis, daß sie im Grunde genommen komplizierte, aufregende, sich ständig verändernde Individuen sind.

Die Psychologen R. O. Blood und D. M. Wolfe befragten über neunhundert Paare, die sich für eine solche ›salzlose‹ Beziehung entschieden hatten, und interviewten ferner eine repräsentative Gruppe von Ehefrauen, um herauszufinden, wie zufrieden sie mit ihrer Ehe waren. Die Wissenschaftler stellten fest, daß bei den meisten Paaren die Zufriedenheit mit den Jahren stetig absinkt: In den ersten zwei Ehejahren waren zweiundfünfzig Prozent der Frauen mit ihrer Ehe ›sehr zufrieden‹; keine war spürbar unzufrieden. Zwanzig Jahre später waren nur noch sechs Prozent nach wie vor ›sehr zufrieden‹, einundzwanzig Prozent waren deutlich unzufrieden.

Blood und Wolfe sind der Meinung, daß es zwei Faktoren gibt, die wesentlich zu der Verschlechterung in den späteren Jahren beitragen. Der erste Faktor ist die Ernüchterung — die Abkühlung des Enthusiasmus —, die mit dem Wechsel von der Erwartung zur Erfüllung und von der Neuheit zur Gewohnheit gekoppelt ist. Der zweite Faktor ist das Abrücken vom Partner, da die Interaktion zwischen den Partnern allmählich einschläft. Im Laufe der Jahre verbringen die Partner immer weniger Freizeit miteinander, und wenn sie zusammen sind, schenken sie einander immer weniger Aufmerksamkeit.

Die traditionelle Wahl: Eine Mischung von Leidenschaft und Kameradschaft

Bisher haben wir ein ziemlich entmutigendes Bild von der Ehe gezeichnet. Sowohl die Leidenschaft als auch die Kameradschaft sind keine Garanten für die Dauerhaftigkeit der Liebe. An diesem Punkt pflegen Sachbücher über Ehe und Familie ein Rezept für die ›Lösung‹ anzubieten. Die Autoren argumentieren, daß man das Dilemma von Leidenschaft versus Kameradschaft bewältigen kann, indem man dafür Sorge trägt, daß man genau die richtige Mischung von beidem hat. Sie raten den Lesern, die gelegentlichen Aufwallungen der Leidenschaft auszukosten, die eine Ehe neu beleben, und die beständige Kameradschaft der ›Alltagsliebe‹ zu genießen. Ende des Problems.

Wir wollen, daß unser Buch etwas aufrichtiger ist. Es gibt keine universelle Antwort auf das Problem, wie man sein Leben glücklich gestaltet. Es gibt kein erprobtes Rezept dafür, wie man genau die richtigen Mengen von Leidenschaft und Kameradschaft in eine Ehe hineinmixen kann.

Der Mensch ändert sich; seine Persönlichkeit, seine Bedürfnisse, sein Körper ändern sich. Gleichzeitig ändern sich auch seine Wünsche. Ein Mann, der einstmals glaubte, daß er der Leidenschaft alles opfern würde, hat eines Tages urplötzlich die ganze Aufregung satt. Jetzt wünscht er sich das, was seine Freunde haben — ein ruhiges, kameradschaftliches Zusammenleben.

Eine Frau, die die Leidenschaft immer verschmähte und sich für ein geordnetes und geruhsames Leben entschied, muß in ihren mittleren Jahren vielleicht entdecken, daß sie ihre Meinung geändert hat. Sie hat sich heftig in einen jungen Mann verliebt und kommt zu der Schlußfolgerung, daß man die Leidenschaft unterbewertet und den Erfolg und die Stabilität der Ehe überbewertet.

Noch komplizierter wird das Ganze dadurch, daß zu einer Beziehung ja zwei Menschen gehören, von denen jeder seinen eigenen Lebensrhythmus hat. Um die Zeit, wenn die Kinder das Elternhaus verlassen und die Ehefrau danach lechzt, endlich ein paar Reisen zu unternehmen und etwas Aufregung in ihrem Leben zu haben, hat ihr Mann vielleicht die Sehnsucht, nach all den Jahren als reisender Vertreter ein Stubenhocker zu werden. Die Wünsche der Ehepartner befinden sich nicht immer im Gleichschritt. Das Leben ist unberechenbar.

Das Leben erfordert also nicht nur *eine* Entscheidung, sondern eine ununterbrochene Serie von Entscheidungen. Die Vereinbarung, die zwei Ehepartner heute treffen, ist vielleicht schon morgen nicht mehr einhaltbar. Sie müssen bereit sein, das, was sie vom Leben und von ihrer Beziehung wollen, immer wieder aufs neue auszuhandeln.

SCHLUSSWORT

Moralisten versuchen immer wieder, Ehepaare davon zu überzeugen, daß sie ein garantiert glückliches Leben führen werden, wenn sie sich an bestimmte Standardregeln halten. Aber das stimmt nicht. Niemand kann vorhersagen, wie sich ein Mensch, geschweige denn eine Ehe, entwickeln wird. Das einzige, das ein Ehepaar tun kann, ist, zu entscheiden, was für eine Art Leben es führen will, und dann das Beste zu hoffen.

Man kann die ständige Verlagerung des Gleichgewichts zwischen Liebe und Kameradschaft optimistisch oder pessimistisch betrachten. Wir glauben, daß eine optimistische Einstellung gerechtfertigt ist. Das Bewußtsein, daß die Zukunft eine Unbekannte ist, gibt uns das Gefühl, lebendig zu sein. Heute begreifen immer mehr Menschen, daß eine Liebesbeziehung unbegrenzte Möglichkeiten bietet, und daß wir es in der Hand haben, unsere Zukunft zu formen.

Männer und Frauen haben erkannt, daß die traditionellen männlichen und weiblichen Rollen nicht immer befriedigend sind, genausowenig wie eine traditionelle Ehe für beide Partner immer eine befriedigende Beziehung ist. Und sie haben erkannt, daß sie ihre Ehe so aufbauen können, wie es ihren individuellen Bedürfnissen entspricht. Sie können ihre Bedürfnisse frei äußern und nach Mitteln und Wegen suchen, um sie zu erfüllen. Sie haben die Freiheit, eine einzigartige Partnerbeziehung zu entwickeln, die beiden Freude und Genuß bringt. Sie können zwischen einer traditionellen und einer partnerschaftlichen Ehe wählen; die Ehefrau kann einen Beruf ausüben, während der Ehemann die Kinder versorgt, oder sie können in einer Kommune leben. Sie haben auch die Freiheit, ihren Lebensstil der Entwicklung ihrer eigenen Persönlichkeiten immer wieder neu anzupassen. Sie können zwischen vielen Möglichkeiten wählen. Klingt das in Ihren Ohren erschreckend? Natürlich ist es das — aber gleichzeitig ist diese Entdeckung überwältigend aufregend.